JN129514

サラリーマン社長の出世術

株式会社麺屋武蔵　代表取締役社長
矢都木 二郎
×
ウエルシアリテールソリューション株式会社　代表取締役社長
村本 泰恵
×
アース製薬株式会社　代表取締役社長CEO
川端 克宜

HOW TO GET AHEAD AS A SALARIED PRESIDENT.

まえがき

会社の中で、自己実現はできる！

リモートワークが常識となった現代。

独立してフリーランスになり、自由な働き方をしたい、と考える人も多いことでしょう。

しかしながら、自由な生き方には、さまざまな困難も伴います。

安定した仕事はあるのか。資金は十分にあるのか。

必要な仕事道具は揃っているか。

働く場所はどうするのか。一人でできる仕事なのか。

会社にいる時には当たり前だったことも、
いざ独立すると、有り難かったことに気づきます。

いまの時代だからこそ、改めて「会社」という場の
必要性について考えてみるのもいいかもしれません。

この本は、ごく普通の
サラリーマン３人の会社勤めのストーリーでもあります。
なんのこだわりもなく会社を選び、
営業として働き始めたごく普通の若者。
子育てもひと段落して、
フルタイムで働ける場所を探していた兼業主婦。
つけ麺が好きすぎて、「人気の店だから」
という理由で、ラーメン店に入社した青年。
この「ごく普通の３人」は、サラリーマンとして働きながら、
会社の中で自分の居場所を見つけ出し、
やがて日本を代表する会社の社長となります。
この本に書かれているのは、自己啓発的に語られる
単なる理想論ではなく、実際にサラリーマン人生を全うしてきた
３人が生きた言葉で語り尽くした、会社の中で輝く方法。
この本を読むことで、皆さんの会社人生が
さらに充実したものとなれば嬉しいです。

目次

まえがき …… 2

1 川端 克宜氏
アース製薬株式会社 代表取締役社長CEO …… 5

2 村本 泰恵氏
ウエルシアリテールソリューション株式会社 代表取締役社長 …… 67

3 矢都木 二郎氏
株式会社麺屋武蔵 代表取締役社長 …… 119

4 鼎談 三社長の会議室
川端 克宜×村本 泰恵×矢都木 二郎 …… 181

あとがき …… 206

1

アース製薬株式会社
代表取締役社長 CEO

川端 克宜《かわばた かつのり》

バブル景気が崩壊した1994年。「50音順で、最初に見つけた有名な会社だった」という理由からアース製薬に入社することとなった川端氏。とはいえ持ち前のコミュニケーション能力と愛嬌、知恵と粘り強さを生かし、営業のエースへと成長。広島と大阪の支店長を務めたのち、ガーデニング戦略本部本部長に任命される。

だが、当時のガーデニング戦略本部は苦戦しており、お荷物扱いをされることもあった。「自身としても不本意でした」と語る川端氏だが、業界の常識を破る新商品を発売、傾きかけていた部門を立て直した活躍が評価され、42歳の若さで代表取締役社長に就任することに。

そんな業界も注目する名物社長の「アイデアの出しかた」「人の心を掴み、動かす方法」とは。

不本意だった「ガーデニング戦略本部本部長」のポスト

私は、営業からスタートして支店長になり、事業本部長を務めたのち、42歳で社長に就任しました。

今振り返ると、**ガーデニング戦略本部本部長で成功を収めたことが、社長就任を決定づけた**のではないかと思っています。

でも、実は**ガーデニング製品というのは売りづらく、むずかしい製品**。そのこともあって当時ガーデニング部門の売り上げは小さく、お荷物部門のような扱いだったんです。だから正直、ガーデニング戦略本部本部長という**ポストを不本意に思った**こともありました。

とはいえ、**そこはサラリーマンの宿命。置かれた場所で全力を尽くすしかありません。**

結果的に、特命部隊のような形で集められた新規メンバーでのスタートが幸いして、農薬ではない除草剤として売り出した**「おうちの草コロリ」というヒット製品を生み出す**ことができました。また効果が高いのに無農薬という点が消費者のイメージアップにつながり、ガーデニング部門を立て直すきっかけにもなりました。これは、**業界の常識にとらわれていない新規メンバーだからこそできた**ことではないかと思っています。

＼金言／

「想定外の異動」は、サラリーマンの宿命。置かれたポストで全力を尽くすことが、社長への道につながる。

のちに大塚達也会長は、**「小さな組織の事業再建を任せてみる」という一種のテスト**のような思いで、私にガーデニング部門を任せたんだ、と教えてくれました。

このように、**想定外の異動には、必ず理由があります。**たとえお荷物部門だったとしても、そこで**全力を尽くすことが重要**なのではないかと思います。

私の発想の原点は「ファン作り」

私の**考え方のベースにあるのは、ファンを作る、人が集まるところを作る、**ということです。ドラッグストアなら**立地**、レストランであれば**味**、など、**業種により売り上げに直結する条件はもちろんあると**思います。でも、**流行っている店って、それ以上の理由があるんですよね。**

「人が集まってくれるためにはどうするか」を考えることが、いずれ売り上げにもつながると思うんです。だから、本来の商売と違うように見えても「あそこの会社は面白いことするよね」「なんだか楽しいよね」と思ってもらえればいいじゃないかと。そのために、ゴルフトーナメントを主催したり、話題になるＣＭを作ったり、無料で遊べるゲームを公開したり、ＹｏｕＴｕｂｅを充実させたりする。それがきっかけになって、アースという会社に人が集まってくれればいいと思うんです。

＼金言／

まずは「どうやったら人が集まるか」を考える。間口を広げて、最終的に製品につなげる。

もちろん**最初は間口を広げつつ、最終的には製品につなげる**必要はあります。まず入り口で「この会社は面白いな」と、ちょっとしたファンになってもらって、次に「こんなのあるんだ！」で製品を買ってもらう。そして製品を使ってもらって「やっぱりいいな、またこの会社のものを買おう！」と本当のファンになってもらう。そういった**「ファン作り」を続けていくことで、愛される会社になり、それが継続的な売り上げにつながっていく**のだと思います。

デジタルだけでなく、アナログも重視する

アース製薬では、**デジタルメディアでさまざまな企画を仕掛ける**一方で、新聞や電車広告、ポスターやパンフレットなど、**さまざまな紙媒体も作り続けています。**

そこは、**紙ではないとダメ**なんです。紙媒体は、**物理的に目につくことで、「あ、そうだった」って思い出す。**ラーメン屋に行って餃子も食べたくなるのと一緒で、「ついで買い」という現象がすごく多い気がするんです。それを促しているのが、紙媒体とのアナログな接触なんだと思います。**デジタルメディアは、お客様のほうからアクセスしてもらわなければいけない**からです。

とはいえ、もちろんデジタルメディアもしっかりやりますよ。「これを買おう」と、明

確な購買意欲がある「指名買い」の場合には、Ｅコマースなどのデジタルが向いている。逆に言うと、デジタルは、偶然の出会いというのがない。欲しいものを買って、それで終わり、となることがほとんどなんです。

＼金言／

アナログ×デジタルの二刀流で「ついで買い」も「指名買い」も獲得する。

どちらも一長一短なんですよ。だから**今の時代、デジタルとアナログの二刀流が必要**なんだと思いますね。

ガラス張りの社長室

社長の役割って、大きくいうと2つあると思うんです。**「ジャッジする、決断すること」**が第一。それに加えて**「組織の雰囲気作り」**ですね。**ジャッジする時において、やはり直感は大事**だと思います。私は「周りから反対されたけれども、実は自分の感覚が正しかった」とか「自分の直感に従ってみて良かった」みたいなことが結構多い。むしろ、**反対する人が多いほうが、実は成功する**んじゃないか、とすら私は思ってるんです。「反対されたらやる気が出る」ってこともあるし、「振り返ってみたらやはり思った通りだった」という時も結構ありますね。

組織の雰囲気が良くなれば、社員も意見を言いやすくなると思うんです。私の会社にも一応、社長室みたいなものはありますよ。最初は「社長室なんていらないよ」と言って、社長室の壁を取っ払ってもらおうとしたんです。でも、お金のことや、人事のことなど、機密事項も多いわけです。そういう意味では、壁があったほうがいい。そこで**社長室をガラス張りにしたん**です。普段はドアも開けっぱなし。だから、向こうから私も見えるし、私からもフロアが見える。話す内容は聞こえませんが、あちらからは見えているから、おのずと悪い相談はできなくなる。**その雰囲気は、社内全体に伝わる**んです。

＼金言／

イエスマンで周りを固めると、会社はダメになる。本音を言える雰囲気作りも、社長の仕事。

うちの会社は大会社のように思われることが多いのですが、本社にいる人だったら大方の社員は顔と名前が一致します。「あれ、今日風邪引いとるんか?」とか、「花粉症なんか?」って話しかけたりしてますね。そうやって**フランクな雰囲気を演出することで、社長である私にも社員が本音を言ってくれます。**

一番良くないのは、イエスマンで周りを固めることだと思っています。なんでもイエスっていうのは判断じゃないですよね。本当のことを言ってくれる人こそが大事です。

ブレーキになるようなことを言ってくれる人が周りにいないと、会社はダメになってしまうと思いますよ。もしそれが自分の意図とは違うとしても、一意見としてありがたく受け取らせていただく。その上で、自分なりの判断を下すようにしています。

どんなことでも、リスクはある

どんなことでもリスクというものは絶対にあるんです。100％成功することはまずない。だからこそ、「社長の考えのままで行けます」ってヨイショするだけの人は困るわけですよ。**必ず物事には理由がある**んです。その理由の上で「こうしたい」と私は考えるんですよね。**その理由に賛同してもらった上で「任せてくれ」という話**です。

うまくいくときは、全会一致で物事は進んでいくと思います。そこで、**リスクを言えな**

くなる雰囲気になるのも困るし、リスクのことばかり議論していても話は前に進まない。**「より良くするためにはどうするか」を基本原則**として話し合って、**場合によってはリスクを取ることも重要であると考えます。**

＼金言／

より良くするためには、時にはリスクを取ることも大事。

天敵がいなかったから、社長になれた

組織の中で、敵を作ることなく活躍の場を見つけていく。大切なことですが、簡単なようで結構難しいんです。

私を指名してくれた大塚会長に「どうして私を選んでくれたのですか」と、直接聞く機会がありました。すると、**「あの人だったらいいんじゃないの」という声が一番多かった**、とはっきり言われました。要するに、**自分には天敵がいなかった**わけです。

例えばA社とB社がライバル会社で、仲が悪いとしますよね。B社に営業に行ったら、「A社に製品を出さないなら、ウチは出したるわ」と言われることがある。でも私は、どちらにも行く。それが珍しいとは言われます。自分は特殊なことやってるわけではないんですが。私は**敵を意識しないし、壁もあまり作らない**性格なんですね。

もしライバルのような存在に出会っても、「これで市場が広くなれば、業界全体にとっていいでしょ」という考え方です。どちらかが生き残りをかけて頑張る、と考える人もいるけれど、私としてはむしろ、2つ企業があればその分、市場が増えるし消費者にとっても選択肢が増えてありがたいわけですよね。ならばそのほうが良くないですかという考え方です。

その一方で、仕事仲間でもクライアントでも、**「明らかに自分のことを嫌っているな」と感じる時もあります。まさに、そういう時こそ「鈍感力」なんです。**一度断られて「あ、そうなんですね」と言いながら、すぐ行くこともあるし、状況を見ながらタイミングを計る時もある。関西弁で言うと**「めげない＝落ち込まない」**というやつです。多分、みんな一度断られたらもう行かないんだと思います。「どうせ行ってもあかん」って。でも、私は何も気にしない。**別にそれで失うものはありませんから。**

2つの客先がライバル会社であろうと、どちらにも行く。「お前向こうにばっかり行ってるやないかい！」という状況を作らないことですね。2つ行くことになる分、仕事量は増えるかもしれないですけれど、それもあくまで物理的な問題ですから。そのうち、そんなに気にならなくなります。

＼金言／

「天敵は作らない、壁も意識しない」が社長への道。もし嫌われても、「鈍感力」で何度でも行く。

そりゃ、顔は一つしかないので、どちらか選ばなければいけない時はありますよ。新年会のようなタイミングだと、日程がかぶる時もありますし。そういう場合は、どちらにも行きません。

明らかにどちらかにバランスが偏るようなことはしないようにしていますね。

「どうやったら早く終わるか」を考えていた営業時代

営業の時代は、いろいろ考えて行動していましたね。私たち時代だと、営業は自分の足と時間を使って、店を回り、注文を聞いていくんです。

例えば、虫ケア用品（殺虫剤）100ケースの注文を取りたい時、10軒回って店長に頼み込んで、それぞれ10ケース入れると、100ケースになりますよね。そこを、**エリアマネージャーのようなキーマンと仲良くなって、一気に100ケースの注文を取る**というやり方もあるわけです。私はどちらかというと、後者のやり方ですね。いろんな状況もあるので、一概に言えないですが、**どうやったら早く終わらせられるかばかりを考えていた。**

ムダに泥臭い営業はやっていないと思います。「この製品は、研究部員がこういう思いで作り上げました。他社製品とはここが違います」という資料を自分なりに考えて、作って配ったりもしましたね。**一番ダメなパターンは、本社が作った資料を自分で理解しないまま、お客様に説明するようなパターン**ですね。それでは何軒回っても、成績は上がらない。**しっかり読み込んで、自分のものにする**ことが大事ですから。自分なりに、話の順番を変えたりしてね。

＼金言／

頭を下げるだけの「泥臭い営業」は、愚の骨頂。頭を使って資料を作り、キーマンを押さえるべし。

人が作ったものをそのまま話しても、結局借り物の言葉になってしまいますから。そんな人に限って「この資料を作った本社の人間が悪い」なんて言ったりするんじゃないかな。

「いつ行っても歓迎される」営業マンは強い

自分は、パソコンも携帯電話もない時代からこの会社にいるんです。その頃といえば、今に比べてできることは限られていたと思います。

自分が新入社員の時は、担当エリアというのがあったんです。ここのエリアの薬局は私の担当、という。それで、月に1回は、上司が同行して回る時がある。

その同行日だけ何とかこなそうとする人も多かったんですね。その日はしっかりルートを決めて店長のアポを取るけれど、他の日は適当にこなすというような。

さすがに、そんなことをしてると、融通が利かなくなるんですよ。「大事な別件が入ったから、お前との同行日は1週間前倒しにする」なんてこともある。そんな時、大抵の人は困っていました。でも、私は全然困りませんでしたね。いつでもどうぞ、ルートも決めてもらってもいいですよ、って。というのも、**普段からエリア内の客先を回って、いつ行っても歓迎されるような人間関係を作っていた**からです。

＼金言／

客先との人間関係をしっかりと築き上げて、最強の営業職になる。

そんなことやっていたのは私だけなんじゃないかと思います。そういう私の営業スタンスは、変わってるのかもしれませんが、準備してないように見えて、実はいつ行ってもいいように準備していたんですよね。**客先の方としっかりと人間関係を築き上げていた**からこそ、可能になることでした。

成長する社員の特徴

今まで多くの社員と関わってきましたが、その中で**成長する社員**にはどこか共通項があるような気がします。**性格が明るい**とか、**アピールがうまい**とか、そういうスキル的なこととはまた別に。とはいえ、そのことを一言で言葉にするのは難しいです。**嘘をつかない人**、といえばいいのかな。**成長する人は、単なる「誠実な人」という枠を飛び越えた部分があるもの**です。

例えば、何かを頼まれて、少し進めてから、困った部分があったとします。そんな時に、自分なりに判断することもできるのだけれど、ちょっと確認したい時に、上司を捕まえて、「あの件は、これこれこうだったんですが」と30秒立ち話するだけでも、全然違います。そうやって**一瞬のキャッチボールができる人は信頼も得るし、しっかりと成長する。**それができる人は、意外と少ないんですよね。**報告書なんかじゃなくてもいいん**です。大きな会社であればなおさらだと思います。
その姿勢が、信頼感を生むわけです。これができる人は同じようにその部下にもしているだろうし、そういう文化も共有しているわけで。この感覚を重要視していますね。

＼金言／

上司と部下の一瞬のコミュニケーションが、仕事を成功させ、信頼を得る鍵となる。上司は「話しかけやすい雰囲気作り」を心がけるべし。

私は「いまあの件、どうなってる?」といちいち聞かれるのが嫌だったんですよ。だから、**自分から「私はこう動いてます」というアピール、つまり「見える化」をしていた。**そうするとうまくいったから、皆さんにもそれをやってほしい、ということです。
とはいえ、上司が話しかけづらいタイプの場合もありますよね。私も営業職だった時、やりにくい上司がいて困った経験があります。さらに、取引先とのトラブルだったり、失敗したことの報告というものは、しにくいと思います。でも、対応が後手に回ってしまうよりは、**早めに対処したほうがいい**。だから、私が**上に立った時は、「いつでも話しかけて、連絡していいよ」っていう空気を自ら作っていた**。
そういう**雰囲気を作って、トラブルは早めに対処して、物事をスムーズに進めるのが上司の仕事**かな、と私は思ってます。

いろんな人がいてこそ、全員野球になる

組織の中には当然、いろんな人間がいます。着実にコツコツやるけれども成果が見えにくい人もいれば、ちょっとしたことでもアピールがうまい人もいたり。

全員野球、という言葉がありますよね。そこにピッチャーもいればキャッチャーもいる。監督もコーチもいて、ベンチにいる人もいる。全員必要ということですよ。

花形部署もあれば、地道に開発を続ける人もいる。さらに、工場で作る人がいなかったら製品は出来上がらない。だから、全員野球なんですよ。もっと言ったら、**アピールの上手な人、下手な人、明るい人、暗い人もいる。「だからええやん！」**て思います。

最近、企業の中でもダイバーシティとよく言われるようになったけど、**そもそもの世の中がダイバーシティ**なわけで。俺がいて、あなたがいて、君がいるから、ダイバーシティになる。**会社だって世界だって、いろんな人がいるのが大事だし、それが楽しさを生み出すんです。**

うちの会社は、それぞれの長所を見ながらカバーし合っていると思います。ある人の短所が、別の人にとっては長所になったりする。それを**それぞれの個性によってカバーし合う。似たような人ばかりだったら、抜け落ちてしまうことがある**と思います。

つまり、ラッキーだけのヒットはない会社にしたいと思うんです。レフト側は強いけど、ライトに打ち込まれて「あ、そこ誰も守るやつおらんかったんや」ってなったら元も子もないじゃないですか。**自分の守備範囲を限定せず、どこにでも手を伸ばせるような組織を作りたい**な、と思っています。

ありがたいことに、会社もだんだん大きくなってきています。そうすると、新しい組織も作るし、ポストもできる。けれども、**組織はできるだけシンプルなものがいい。領域を小分けすると、集中しすぎて周りが見えづらくなってしまう。**「この領域は、私の担当じゃないですよね？」なんてことを言い出しかねない。「たわけ！」っていう言い方がありますけど、田んぼを細かく分けてもいいことはないと思うんですよね。組織が大きくなればなるほど、「たわけ」になりやすくなってしまう。

＼金言／

好奇心を持って、いろんな分野に興味を持つ。長所短所を意識して、お互いに助け合える組織に。

それより、みんなで助け合ったらいいじゃないですか。英語の得意な人が日本語は苦手だったり、理系文系でやれることの差もあったりするからいいと思うんです。私は「**気づいた人が何でも屋のようにやったらいい**じゃない、**苦手なことは得意な人に手伝ってもらったらいい**じゃない」っていうような考え方ですね。

だから、**他分野にも好奇心を持ってほしいですね。他の知識も取り入れてやろう勉強し**

ようという気持ちがあったら、なんでも面白くなって、いろんなことがわかってくると思うんですよ。

「任せる」にも、いろいろな方法がある

基本的に、**私の仕事の仕方は、「人に任せる」と言うこと。**細かく指示したり、その人に一任したり。人の動かし方っていうのはいろいろあると思います。

私みたいな、**自分の好きなようにやりたい人間は放っておいたほうがいい**タイプです。言われた仕事を言われた通りに今日中にきっちりやって、って言われたらやりますけれど、苦手といえば苦手ですから。それであれば、目的と期限を決めてもらって、自分なりに考えて動きたいんですよね。

でも、目的を教えて任されても、そのやり方がわからない人が多い。むしろ、任されるのが嫌で、言われた仕事をやりたいという人も世の中には結構多いんです。言われた仕事はその通りにやるけれど、自分で考えることは苦手だというタイプもいるじゃないですか。そういう人に考えろ、って言ったところで無理ですよね。

だから、上司の立場の人は、**部下が「自分で考えて動く人」なのか「言われた通りにこなす人」なのかを見極めて、それぞれに応じた仕事の割り振りを行うべき**だと思います。

＼金言／

社長を目指すなら、「自分で考えて動く人」になれ。上司は「自分で考えて動く人」なのか「言われた通りにする人」なのかを見極めて、部下に仕事を割り振るべし。

そして、**出世するのはもちろん「自分で考えて動く人」。社長を目指すなら、自分の頭で考えて、積極的に動かなければならない**と思います。

上に立つのが向いている人、向いていない人

上に立つ人間は、部下がどんなタイプなのかを見極めることが重要です。丁寧に仕事するタイプなのか、とにかくスピードは速いのか。それぞれに、得意なポジションがあるんです。0を1にするのが得意なのか、1を10にするのが得意なのか、っていう話ともつながります。私は多分前者、ないところから生み出すのが得意なんですよ。

そういう特性に応じて、部下の適した働き方を見極めていく。人事権を持ってる立場からすると、評価で人事を決めがちじゃないですか。でも、そこは得意分野による采配なんだと思う。単に**評価が高いからといって、ポジションを上げて、向いていないマネジメントをさせるというような人事は良くない**と思います。それこそ、一番やってはいけないことです。

例えば、仕事ができると評価が高いから、マネージャー職の課長に昇進させるとしますよね。ところが、その人は専門職、スペシャリストとしての能力があったから仕事ができた、というケースも多々あるわけです。

課長になったら何人もの部下がつきますよね。でも**その人が指示出しをするのが苦手だったら、課長という人事は失敗**なんです。向いていない役割を任せられると、パフォーマンスも発揮できなくて会社も社員もお互い不幸なことになる。人ごとにタイプを見極めていくことが大事なんです。

スペシャリストタイプの人は、我が道を進んで成長していくし、会社にはなくてはならない存在になっていく。かといって、むやみに部下を増やすというのは向いていない。であれば、厳選した少人数のスペシャリストをつける、というのがいいかもしれないし、一人で研究を続けてもらうのがいいかもしれない。

だから、腹を割って話をするのが大事なんです。**その人の求めているものは何か、目指すキャリアはどういうものなのかをしっかりと話し合い**ます。そして部下は付けないけれども、給与面では高待遇にする、ということも一つの選択肢として考慮します。**給料を上**

げるために苦手なことをさせる、というのは道理じゃないですよね。うちの場合は、ナンバーワンとナンバーツーの給料が一緒、ということもありますし。

＼金言／

社員それぞれの向き不向きや人生設計に寄り添って、働き方や人事は考えなければいけない。

さらに、給与の面だけではなくて、いわゆる**ワークライフバランスということも考慮する必要があります。**例えば親の介護をしなければいけないとか、趣味の時間を大事にしたいから残業はなしにしたい、だとか。

極端な話、週休4日にして、残りの3日は労働基準法の範囲でできるだけ働きたいという人もいると思うんです。人の悩みは世代や家族構成、ポジションによっても異なってきます。**それぞれの人生の課題に寄り添って柔軟に対応していく、というのが本当の働き方改革**ですよね。全員一律に17時に帰らせる、というのでは、これからの時代にマッチしていないと思います。

どんな人事異動でも、必ず理由がある

私はみんなが元気よく働いてもらえる会社を目指したいんです。そのために私ができるのは、より良い仕組みを考えて、変えていくことです。

それぞれの社員の悩みもいろいろと聞いたりしますが、結局一番多い悩みというのは、**「直属の上司と合わない」とか「部署内でのコミュニケーションがうまくいかない」という、人間関係の問題**になるんですよ。「会社は好きだけれど、自分の上司や同僚とうまくいかない」ということです。こればっかりは、合う合わないがありますから。

そうであれば、その**関係性を変えるしかない**。だから、私は**社内公募制度**を作りました。つまり、社員は「自分はこの部署のほうが向いていると思う」とか「キャリア形成として

この仕事がしたい」というように、異動に関する希望を出せる、ということです。

表面的には「あの仕事がしたい」という形の希望を募っているわけです。ただ、「やけにこの部署から異動希望が多いな」ということも起こります。そんな時は、**「その部署から人が離れたがっている」**というサインではないかと思います。

＼金言／

人間関係に「合う合わない」は絶対にある。そのシグナルを見逃さず、適切な人事を行うために、上の人間は「仕組み」を考えなくてはならない。

つまり「仕事が合わない」という風に見えて、**実は人間関係が嫌**なんですよ。そういうことは、人事部長に直接言えないことなので。

物事には理由があります。パワハラなんてのはもってのほかですが、**好き嫌いにしても、何か必ず理由がある**と思うんです。「ちょっとあいつ嫌いやねん」ってことも、何か理由があるわけです。例えば話し方が威圧的であるなどもそうです。ペースが合わない、なんていうのはまさに相性の問題で、**入れ替えするだけでうまくことが進むこともあるか**もしれません。

そうやって**「人」を見て采配を振っていますから、人事異動にも必ず理由があるん**です。サイコロを振って決めていることなんて、一つもないですから。

合わない人間関係の中で働いていてもパフォーマンスは発揮できないし、上司も部下も不幸。それは**会社としても大きな損失**となります。社員が出しているシグナルを受け止めるために、**上の人間は仕組みを考える必要がある**と思います。

嫌な人との付き合い方

最初、「ちょっと嫌なやつやな」って思っていた人間は、確かにいます。なのに、いま振り返って思うと、私はそういう人のほうが最終的に仲良くなっている気がしますね。友達でも、仕事相手でも。そういう**嫌われがちな人からは、みんな嫌がって遠ざかっていく**ものだから。その結果、**人間関係的にはブルーオーシャンになる**んですね。

逆に言うと、みんなから「あの人はいい人やなぁ」って言われる人というのは、誰にとってもいい人なんですよ。こういう人に限って、何もしてくれなかったりする。そりゃ、いい人であることは確かなんでしょうけれどね。

＼金言／

「嫌われ者だけど見どころがある」人の、唯一の味方になる。そうやって築き上げた関係は、ユニークな仕事につながる。

嫌な人でも、仲良くなったらこっちのものですよね。だから、「この人見どころあるんだけどなぁ」って思う人には、何回も会いに行きます。仕事社会においては、いくら才能があっても孤高のままで真価を発揮できることはありません。そんな人の、唯一の味方になるわけです。

そうやって仲良くなった関係は、かなり強固なものになるし、ユニークな仕事にもつながると思います。

もちろん、私にだって嫌な人はいますし、その人と仕事する必要があることもあります。ですが、**私の究極の判断基準は、「死ぬか死なないか」**なんです。「死ぬこと以外はかすり傷」なんて言葉もありますが、簡単に言ったらそういうことです。何をやっても死ぬわけじゃない。だからこそ、何事にも挑戦できるんです。

社長の私が、アホな質問をする理由

うちは日用品や医薬品を製造販売するメーカーなので、当然、研究部署があります。私は研究については全くの素人ですが、時には研究の会議に出ることもあります。その時には、社長としてというよりも、詳しいことは全くわからない**素人として、単純な疑問をぶつける**ようにしています。「なんでこれができへんの？」「こっちのほうがいい気がするけど」って素直にね。そういう意見を出すことで、**研究室の中では出ないようなアイデアが出てきたりする**わけです。

これは私なりのテクニックなんですが、**社長がアホな質問をしたほうがいい**んですよ。**「社長でもそういう質問をするんだな」って思わせたくて、あえてそういう風にふるまう**時もあります。

うちの会社は、営業出身者が研究部部長になったりするんです。研究出身ではない、何にも知らない素人が入ったほうが近道だったりすることがあるんですよね。研究者は一つのことに集中して考えていますから、そこに**素人目線の素朴な疑問だったり、いち消費者としての意見を加える**ことで、世間のニーズに合致した、より使いやすい製品を生み出すことができるんです。

＼金言／

専門家には、あえて素人目線で素直な疑問をぶつける。それが、思いもしないアイデアにつながることも多い。

自分の根底にあるのは、やっぱりコミュニケーションですね。これは社内でもよく言うことなんですが、**専門的なことを一方的に話すのはフェアじゃない**んですよ。例えば私は、その分野に詳しくない人には、どこがわからないのかを聞いて**丁寧に説明した上で、正直な意見を引き出す**ようにしています。ひとりよがりにならず、お互いの意見を出し合うのが、正しいコミュニケーションのあり方だと思うんですよね。

私なりのアイデアの考え方

もの作りって、結局は経験とアンテナがモノを言うと思っていて。もちろんそれなりの調査もしますよ。しかしながら、正直私はマーケティング調査があまり好きじゃない。実際、もし私が調査対象者だったとしたら、結構適当に答えるだろうな、と思いますし。

そもそも、**アンケートの形式で本当に言いたいことが言えるのかどうかも疑問**です。「とても良い」「良い」「普通」というように、項目の段階が1から5まであるアンケートがよくありますよね。ああいうものは結局、製品の印象通りの結果しか出てこないですから。これまでの経験上、意外な結果が出てきたりっていうのはほとんどないですね。日本人ならではの傾向なのかもしれないですけれど。

自分でアイデアを出して、開発部門にまで首を突っ込んで作った製品が成功したこともあります。**普段の生活の中で思い浮かんだアイデアで、「こんなのを作ってみたら？」っていうことも結構ありますよ。**

さらに、**街の中で気づいた世の中の変化からアイデアを出すことも多い**ですね。社員との雑談の中で「最近街を歩いていて、気づくことってない？」っていう話をしたり。すると、「昔に比べて男女問わず日傘をさしてる人が増えている」なんてことに気づいたり。今や男性も日傘をさすし、メイクもする時代ですから。

＼金言／

アイデアは、会議室で考えるな。生活の中でニーズを見つけ出し、街中で世間の変化を感じることが、画期的なアイデアにつながる。

手持ちの扇風機を持ってる人も増えましたよね。だったらそれと一緒に使えるような虫よけ剤を作ってみたら売れるんじゃないか、とか。時代の変化に対応するっていうのは、そういうことなんです。

そういった時代の変化に気づいて、**今すぐには売れないかもしれないけれど、将来的に売れるかもしれない製品の準備をしておくことが大事**だと思います。

私を社長へと導いた「ネーミング」

アイデアを出すというのは、世の中の変化に対応するということなんです。

2013年、私はなかなか売り上げの伸びなかったガーデニング戦略本部の本部長になりました。私と新規メンバーで、当時は日陰部門だったガーデニング事業の再建を任されたのですが、私も含めて全員、**ガーデニング分野は素人と言っていいメンバー揃いでした。だからこそ、ガーデニング部門を立て直すヒット製品を生み出すことができた**んです。

園芸用品の中で、ボツになっていた除草剤があったのですが、なぜボツになったかというと、農薬登録を取るのが難しいからでした。そこで私が言ったんです。「農薬ではなく、自宅の庭や駐車場に生えた雑草向けとして売ればいいじゃない」って。

農薬というのは、農作物に対しての薬ですから、認可も一番難しい。しかも、農薬と聞くと、世間一般のイメージはすごく悪いと思います。もちろん、農業をやる上で、農薬がものすごく必要とされている、ということは理解していますが自宅用の製品としては、農薬だ、という風にうたわないほうが売れると思ったんです。実際、科学的な除草成分ではなく、食品成分から作られているものですから。そういう発想から、農薬としてボツになっていたその製品を、「おうちの草コロリ」という名前で、農薬登録はせずに売ったんです。この**ネーミングが時代の雰囲気とうまく合致して、大ヒット製品に**なりました。このような発想というのは、常識が入ってくると思いつかないですよね。

この**「おうちの草コロリ」の大ヒットがガーデニング戦略本部の再建の道筋となり、さらには私の社長就任を決定づけた**のです。

＼金言／

消費者が求めていること、不安に思っていることはネーミングやデザインでわかりやすく伝えてあげる。それが安心を与えて、ロングセラーへとつながる。

ガーデニング部門に限らず、「犬や猫を飼っているんですが、この製品は大丈夫ですか」という質問がとてもよく届きます。もちろん、通常の生活では十分安全な製品しか販売していません。ですが、消費者の方は不安ですよね。だから、「食品成分生まれ」や「ペットにも安心」という言葉を製品ラベルに示しています。あまりに当たり前すぎて、どこの製品もそういうことが書かれていなかったのですが、**消費者から質問が届くということは、不安に思う人も多いという証拠**なんです。だから**「安心」の印として製品にわかりやすく記載**しています。

アース製薬では、安全に配慮して、製品を発売する基準を厳密に設けています。例えば、「蚊とり線香」は有名ですよね。あれは認可された製品しか、「蚊とり線香」とは名乗れないんです。有効成分が入っていて、人間にとっての安全性も確保できたものだけが、「蚊とり線香」を名乗れるんです。うちの製品はそうやって安心安全なものを発売しています。ですが、認可を取らなくても、売る方法はあるんです。「虫よけ線香」として売ればいいんですよ。パッケージに蚊に似た虫の絵を描いてね。だから世の中には「蚊とり線香」と「虫よけ線香」が混在しているんです。それは全く似て非なるもの。でも、勘違いして買ってしまう人も多い。正直、売れたら何でもいいという小売業者も多いですからね。こういう話がいっぱいあるんですよ。

その一方で、**インターネットの発達などもあって、最近の消費者はかなり賢くなっている。**だから、「蚊とり線香」と「虫よけ線香」の違いを知っている人たちも多くなっているし、売り文句だけで効果のない製品や、安全性に配慮していない製品などは売れなくなってくる。そして**安心・安全に配慮した、しっかりと効果のある製品だけがロングセラーになっていく**のだと思います。

アース製薬には、撮影スタジオも部室もある

うちは本社にスタジオがあります。一番上のフロアに、家のような環境を作っているんです。これには裏話がありまして。ビルの構成上、一番上は住居登録をしないといけないという法律があるんです。だから、トイレもお風呂もあって、一軒家のようなつくり。つまり、製品を試すにも整った環境なんですね。さらに、スタジオとして撮影などに使うことも多いんです。

これまでは、撮影をしなければならない時には、外のスタジオで行うことが多かった。でも、本社にスタジオがあったら、すごく楽ですよね。だから、簡単な動画を撮影してＹｏｕＴｕｂｅなどへ動画配信したり、インスタグラムやＸ（旧ｔｗｉｔｔｅｒ）などの撮影は、このスタジオでできるようにしています。私が出演するラジオの収録も、ここで行っ

たこともありますね。**思いついたらすぐに行える環境というのは、非常に大事**だと思います。

＼金言／

「思いついたらすぐに行える」環境作りは大事。それが、社員たちの柔軟な発想につながる。

さらに、eスポーツ部、つまりゲーム部や麻雀部の部室もここにはあるんです。アース製薬では、いろんなことにチャレンジしていく、ということを推奨していまして。もともと社員のレクリエーションとコミュニケーションを兼ねて、ゴルフ部、テニス部、マラソン部があったんです。この活動に、会社が補助をしたりしていました。

ですが、ある日「どうしてこの3つなのか」「この3つ以外のことをしたい人はどうしたらいいのか」という意見が、社員の中から出てきたんです。急に言われたので、その時は「それは俺もようわからんわ」って答えてしまったんです。

でも、その言葉がずっと引っかかっていたんですね。じゃあ、どんな部があれば参加したいのか、アンケートを取ってみよう、ということになって。すると、eスポーツと麻雀というのが人気だったので、正式な部として採用するようにしたんです。今の時代を反映していますよね。その活動は、上のスタジオでやるんですよ。

社員のコミュニケーションやレクリエーションになるなら、その方法はなんでもいいじゃないですか。仕事時間に、そこでサボってゲームしてたらあかんよ。でも、**コミュニケーションの一環としてゲームが活かせるかもしれないし、違う部署同士の人との接点にもなりうる**じゃないですか。

実際、アース製薬の製品アピールを目的とした無料ゲーム「アース製薬からの脱走」や「大王の大発射」などは、このeスポーツ部の存在がきっかけとなったところもあります。**そんな環境を作ることで、常識にとらわれず、時代の空気を捉えた製品を生み出すことができる**と信じています。

アイデアを集めるための「仕組み作り」

当たり前のことなんですが、我々は社員である前に、一般消費者でもあります。日常を過ごしていて、「これは困るな」「こういう製品を作ったら便利だな」というアイデアが思い浮かぶこともありますよね。

アース製薬では、そのようなアイデアを全社員から募集しています。新製品の提案を社内のパソコンから提出できるようにしているんです。それは新製品に限らず、リニューアルでもOKです。こういうものがあったらいいのにな、というニーズから、既存製品の改善点まで、ものすごく上がってきます。これまでに2万件もの意見が上がってきました。アイデアが採用されると、ポイントがもらえて、私のスタンプがつくようになっています(笑)。

その際に、**「素人みたいなアイデアだと怒られる」「実現の難しいことはダメかな」という雰囲気が一番困ります**。むしろ「素人」だというのが、最も重要なところですから。もちろんその中には、薬事法上できないことだったり、技術的に不可能なことも確かにありますよ。ただ、最初から「このような条件で提出してください」という言い方で伝えてしまうと、「言ったら怒られるわ」「言っても無駄や」ってなるじゃないですか。だから、そういうのは一切なしにしています。難しいことは研究部で考えますから、ゼロからアイデアを上げてきてほしい、と常々伝えています。

年の終わりに、そのアイデアの表彰も行っています。表彰されたり給与アップにつながることはもちろんですが、「自分のアイデアが製品化される」ことが、社員のモチベーションにもつながってくれればいいな、と思いますね。

食品メーカーさんでも、お客様の食のアイデアを取り上げて話題になっているでしょ。「うちの製品を、そんな風に食べてるんですね！」というように、変わった食べ方や組み合わせを紹介してバズったり。そういうことを私はやりたいんです。予想もしないようなアイデアが出てきたら面白いですよね。

＼金言／

想像もできなかったアイデアから、「ストーリーのある製品」は生まれる。そのために、アイデアの間口は広くしておく。

そうやってできた製品には一つ一つ、ストーリーがあるんです。そうやって新製品をどんどん生み出していく。もちろんそこには在庫を抱えることになるかもしれないリスクもあると思うのですが、新しい製品が出てこない、っていうのが一番ダメだと思います。**経営陣が「こういうことはやらないほうがいい」ということになれば、もうアイデアは上がってこなくなりますから。**

ロングセラー製品の作り方

ロングセラー製品というのは、いつまで経ってもロングセラーですね。アース製薬の例で言うと、「ごきぶりホイホイ」という製品があります。

ごきぶりホイホイは、発売当初と今とでは、似て非なるものとなっています。当初は粘着剤はチューブに入っており、自分で塗っていたんです。それが、剥がせばすぐに使えるシート式になった。さらに、捕獲力を高めるために粘着シートにデコボコがついたり、足拭きマットがついたり。そうやって**常に改善を続けることで、ロングセラーとなっていった製品**です。

でも時代の流れと共に、「ごきぶりホイホイの中に入っているゴキブリを見たくない」という人も増えてきました。そこで、隙間にワンプッシュするだけでゴキブリの予防・駆除ができる、「ゴキッシュ」を開発しました。

いまや日本では「ゴキッシュ」のほうが「ごきぶりホイホイ」よりも人気となっていますが、使う環境によっては「ごきぶりホイホイ」も、根強い需要があります。さらに、海外では一般家庭においても「ごきぶりホイホイ」の人気が高い。そういった**地域や環境によるる志向の違いも見極めていかないといけない。**

＼金言／

ヒット製品は、常に改善を続けることでロングセラーとなってゆく。その一方で、時代の流れに合わせた新製品の開発も続けることで、トップを走り続けることができる。

常にお客様のニーズを捉えながら、時代に合った製品を開発し続けることが、トップシェアをとり続けるための秘訣ではないかと思っています。

日本と同じ売り出し方では、海外では成功しない

海外で新しい販路を開拓するということも大切ですね。それまでアース製薬の名前も知られていなかった地域に進出したところ爆発的に売れた、ということもしばしばあります。

海外で製品を売り出す際には、ローカライズすることが重要です。それぞれお国柄というものもありますし、生活習慣もそれぞれ全然違いますからね。**日本で売れている製品をそのまま海外に持っていけば売れる、ということはまずない**んです。

東南アジアだったら、虫よけの製品が受けそうなものですが、面白いことにアースノーマットは、電気が普及してないところでは売れない、という状況があります。さらに蚊とり線香一つとっても、日本だったら30巻で売りますが、東南アジアでは一巻き単位で袋に

入れて販売しています。現地の方たちは、火をつけたまま携帯するんですね。**そういう事情は、現地調査しないとわからないんです。**日本と同じ製品を売り出しても不思議なぐらい売れないいんですよ。もう一つ大事なのは、レギュレーションです。日本に厚生労働省があるように、海外にも海外の基準がありますから、登録などを行う必要があるんです。

＼金言／

海外展開する際には、ローカライズは必須。その上で、共通のブランドで知名度を上げてゆく。

グローバルに製品を展開する上では、共通のブランドを構築するのが鉄則です。モンダミンは全世界で売っています。どこの国でも「ＭＯＮＤＡＨＭＩＮ」という名前で展開して、**馴染みのあるブランドがどこでも入手できるという状況を作りながら、内容や売り方、デザインなどを現地に合わせる**、ということが重要なんですね。

「差別化しなければいけない」という罠

定番の製品はライバル他社でも同じようなものを作っています。そこで安定してシェアを確保するためにも、**あえて無理な差別化はしない**ようにしています。

差別化をしないといけない、という観点から入ると、余計なスペックがついたりするんです。**「その機能は本当に必要なのか？」を常に問う**ように、社員には言っています。

例えば、うちの製品は1秒で蚊を落とすとしますね。すると、「社長大変です！　0・8秒で蚊を落とす製品が出ました！」って言われたりする。でもね、0・7秒にすればお客様が魅力を感じるのか、という話です。30秒が1秒になるんだったら、それは魅力的ですよ。でも、1秒と0・5秒の差って、人間が感じるリアリティーの範囲を超えてるじゃないですか。**差別化をする、という発想から入ると、無駄に大変なだけってことも多い**んです。

結局どこまで技術が発達しても、最終的にその技術を使うのは人間ですから。人間の感じる五感・視覚・嗅覚・聴覚・味覚・触覚が需要のベースになってくる。逆を言うと、それを超えるものはオーバースペックなんです。

＼金言／

差別化するための「無駄なスペック」は不要。それより、細かい不満を解消して快適に使えるようにすることが、顧客満足度の向上につながる。

開発者というのは世の中にない薬剤を開発したい、少しでも改善したい、という発想で仕事をしています。もちろん研究者としてその姿勢は大事だと思います。でも、**変わったことがお客様に伝わらないのであれば、意味がない**ですよね。

それであれば、製品を噴射するボタンを改良して、出したい時に楽に出せるようにしたほうが、お客様は喜んでくれる。**無駄に労力を使わず、必要とされていることで差別化を図る**ようにするのが大事だと思います。

「2度感動する」もの作り

アース製薬という会社は、もの作りにおいて「2度の感動」という言葉を掲げています。

1度目の感動は、たくさんの製品がある中で、「こんな製品があるんだ！」とアースの製品を買ってもらうということ。そのためには、多くの店舗に置いてもらって、目立つ棚に置いてもらう必要があります。これは、**営業力の賜物**。これは、研究部が手を出せないところなんです。いくらいい製品を作ったって、お店で見つけてもらわなければダメなんです。

2度目の感動は、買った製品を使ってもらって、「これはいいな、買ってよかった！」と思ってもらうこと。これは、お客様がどんな製品を必要としているかを考えて、使いやすい製品を作るということ。つまり、**製品開発力の賜物**なんです。いくら買ってもらっても、使った時に「全然役に立たない！」となれば2度と買ってもらえないし、この会社はダメな会社だ、となってしまいます。

大事なのは、リピートされるような製品を考えて売る、ということです。

＼金言／

製品を購入したお客様には、2度感動してもらう。1度目の感動は、見つけてもらった時の「こんな製品があるんだ！」。2度目の感動は、製品を使った時の「これはいいな、買って良かった！」。

ありがたいことに、アース製薬は営業力も研究力も圧倒的に高い会社だと思います。どこのお店に行ってもアースの製品が並んでいるじゃないですか。これは営業部員と研究部員たちの努力の結果だと思います。**営業力と研究力、この掛け算が大事**なんですよ。

「メーカーだから製品力だけあったらいいだろう」と思われがちなんですが、店舗に置いてもらえないことには売れませんから。

営業部員には言ってますよ。「どんないい製品であっても、売れるか売れないかは営業マン次第だから」って。その一方で、製品開発にはこう言っているんです。「営業しなくても売れる製品を開発してくれ」って。

中には売りにくい製品もあります。売り場を確保するのが難しかったりね。私が就任したばかりの頃のガーデニング部門は、そんな状況でした。でもそこは、営業部が手厚いサポートをして、カバーして行くわけです。ここにはこういう市場があって、こういうニーズがあって、というストーリーを作って、販売店を納得させる資料を用意する。そして、人間関係を構築していく。そうすると、販売店の方から、「こんな製品を作ってくれ」って言われることもあります。そうなると製品開発部の出番です。そうやって、**営業と製品開発の両輪が噛み合って、売れる製品が生まれていく**わけです。

マンガのような昔の話

自分自身も、大変だったことがたくさんありますよ。ただ、そんな時こそ「これは大変だ」なんていう風にあえて感じないようにしていますね。いわゆる鈍感力です。あとから振り返ってみると、本当に大変だったことも多くあるんですけれど。でも、結局なんとかなったのでいいかな、と思うことにしています。

それこそ、私が30代の時に、得意先に鬼軍曹みたいな方がいたことがあります。ドラッグストアの番頭の方で、会社でもナンバーツーのポジション。**業界でも力を持っていることで有名な人**だったんです。

その人を、当時の私の上司が怒らせてしまって。**きっかけは双方の社長同士の認識の食い違い**だったんですが、その会社の担当だった私も、「お前、俺にどんな恥かかせてくれてるんや」なんて言われたりして。私や上司に怒ってるというよりも、**会社全体に怒っていたので、どうにもできなかったん**です。

業界でも有名な怖い人だったんですよ。しかも、昔の人ですから。それで、当時の上司が何を思ったのか、100万円を私に渡すんですよ。「この金で解決してこい！」って。今では考えられませんが、そういう時代だったんですね。それで100万円持って行きましたよ。そしたらまた怒られるんですよ。「お前、なめてんのか！」って。正直、私もそれでいいとは思っていませんでしたけれど。

それで、私ができることを考えました。もう普通には会ってくれません。だから、**先方の本部の前で毎日のように朝と夜、待ち続けました。**それでも会うことはできなかったので、そのドラッグストア系列のドリンク剤などを毎日買って、届け続けたんです。そういうことを1週間ぐらいしたら、「もうわかった！」って。

「お前自身は確かに悪くない。でも、俺が怒っているのもわかるな？」

「よくわかります」

「今回は、お前に免じて許す」

と言われて。そこから、より良い関係性になりました。全てがうまくいくようになったんです。まさに、雨降って地固まる、ですね。

＼金言／

トラブルの際には、とにかく相手に誠意を伝える。自分が納得するまで、できることをやり続ければ、それまで以上に良好な関係性を築けるはず。もしそれでもダメなら、仕方ないと諦めるしかない。

こうやって振り返ってみると、マンガのような話ですね。でも、その最中にいると、ただただ必死なだけ。でも、**そこで必死になれるかどうか、というのはある**と思います。「このトラブルは俺のせいじゃないしな」「めんどくさいな」と思えば、関係性を断つという選択肢もあったとは思いますが。

要するに自己満足ですよ。**私はここまでやったわけだから、それで許してくれなかったとしても仕方ないな、と自分の中で納得ができるまで行動することが大事**だと思います。

社長を目指している人に

「社長になるには、経営学や帝王学を学ばなければいけない」なんてよく言われますよね。それは、知識はあるに越したことはないですよ。「英語は話せたほうがいい」っていうのと同じです。私は、社長になってからしか勉強していないです。投資家と話す時などに、わかっていないと困る場面があるから、最低限の知識はあります。でもそれは、必要に迫られて学んだだけのこと。

もし**「社長になるためには必要」と思って勉強しているなら、それは手段が目的になっている**と思います。勉強しないと出世できないと思っているとすれば、それは全くの大間違いです。私はそんなことは考えたこともなかった。

営業からマーケティングに移って、人事を経験して、国際本部長になって、といろんな経験をした人が、満を辞して社長になる、というパターンもあるとは思います。でも、営業しか経験していない人でも社長にはなれます。

私は20年近く営業一筋でやってきて、大阪支店長も経験した後、会社のお荷物部門と思われていたガーデニング部門の本部長になった時は、苦い思いも経験しました。ただ、**そこでめげずになんとか知恵を振り絞ってガーデニング部門を立て直すことができたからこそ、いま社長というポジションにいる**わけです。

会社は、意味のない異動なんてしません。全ての異動には、理由があるんです。「この人には、一度地方を経験させておきたい」「この人なら傾いている部門を立て直せるはずだ」というように、本人の適性とそれまでの経験を加味しながら、キャリアを考えているものだからです。

それでも納得ができない時には、「なぜ私がこの部署なんですか」と、人事に掛け合うのもいいと思います。でもその前に、**今いるポジションで自分に何ができるのかを考えて、しっかりと目の前の仕事に向き合うことが、社長への道**なのではないかと思います。

＼金言／

全ての異動には、理由がある。今いるポジションで自分に何ができるのかを考えて、目の前の仕事に全力を尽くすことが、社長への道。

COLUMN

まるで郷ひろみ!?
川端社長のスタイリッシュな
立ち振る舞いに魅了される

打ち合わせの席には、いつも颯爽とした身のこなしで登場。勢いよくドアを開き、爽やかな笑顔で挨拶する姿が印象的な川端社長。

スタイリッシュかつ上品なファッションで、ヘアスタイルも頻繁に変えるのだという。その一方で、カメラマンに「そこ、座ったら？ コーヒーも冷めちゃいますよ」と気取ることなく周囲に気を配る一面も。フランクな語り口も、相手の心を開き、本音を引き出すことに一役買っているのかもしれない。

座右の銘は「こだわりのないことがこだわり」。一つのことに固執せず、世の中の変化を読み取り、全体を俯《ふ》瞰《かん》する。社員のことを信じて、やりたいようにやってもらう。カジュアルでありながら、常に相手への気配りや思いやりに溢れる、川端社長らしい言葉。

川端 克宜（かわばた かつのり）

アース製薬株式会社
代表取締役社長CEO

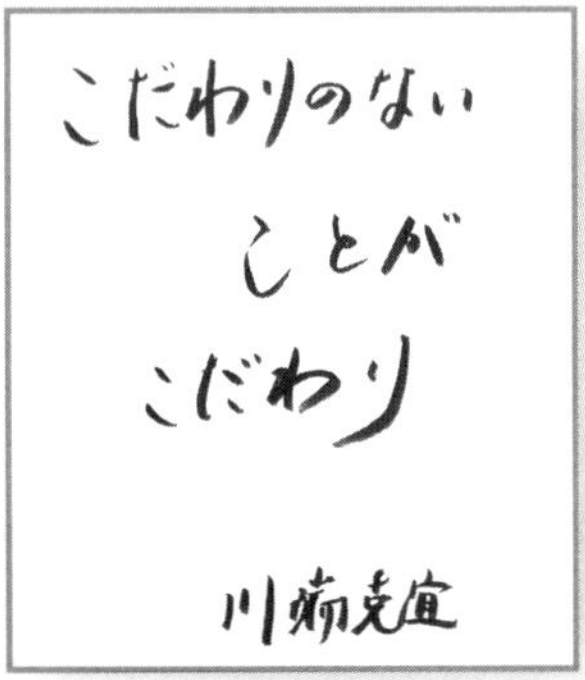

1971年 兵庫県に生まれる
1994年 近畿大学商経学部卒業
アース製薬㈱入社
2011年 役員待遇 営業本部大阪支店支店長
2013年 取締役 ガーデニング戦略本部本部長
2014年 代表取締役社長
(兼)ガーデニング戦略本部本部長
2015年 代表取締役社長
(兼)マーケティング総合戦略本部本部長
2019年 ㈱バスクリン取締役会長(現在)
アース・ペット㈱代表取締役社長
2021年 アース製薬㈱代表取締役社長CEO(現在)
白元アース㈱取締役会長(現在)
アース・ペット㈱取締役会長(現在)
アース環境サービス㈱取締役会長（現在)
趣味： ゴルフ・楽器演奏（ピアノ・トランペット）

2

ウエルシアリテールソリューション株式会社
代表取締役社長

村本《むらもと》 泰恵《やすえ》

薬剤師として働いたのち、結婚を機に退職、子育てもひと段落したタイミングで再びパートの薬剤師として働いていた村本氏。「フルタイムで働きたい」と社員志望で電話した際に応対したのは、偶然にもまさかの社長……！　という、まるで漫画のような出来事がきっかけで、社員に登用されたのだという。

入社後は、お客さま視点に立ちながらさまざまなアイデアを実践。常にナンバーワンの売り上げという現場での成果が評価され、バイヤーからMD、そして東京地区営業部長から関連会社社長へと、サプライズな昇進を遂げることとなる。

そんな村本氏の「スタッフの意欲を引き出す方法」や「楽しみながら仕事する」秘訣を探る。

私の人生はサプライズの連続

私の会社人生は、**いつもサプライズばかり**でしたね。私の人生どころか、会社までひっくり返ってしまうんじゃないか、という異動ばかりでした。

私がウエルシアで働く前は、2人の子供を育てながら、Aドラッグという薬局でパートの薬剤師として働いていました。子供が手がかからなくなった頃、「そろそろフルタイムでも働けるかも」と、Aドラッグで社員として採用してもらえないか相談したんです。でも「中途採用からの社員登用は行っていないんです」と言われてしまって。

2003年当時は、まだまだそんな時代だったんです。子供を産んだあと、社員として働く難しさを痛感していた時に、ウエルシアが近くに新規オープンするというチラシを見て。話だけでも聞いてみようと、電話をかけました。電話口に出た方から「いまはどんな業務をされているんですか？」といろんな質問をされたので、Aドラッグでの日々の仕事について、30分ほどお話ししたんです。これまでの経歴や業務内容、目立つ棚の一部の展開を任されていること、お客様とお話ししながら販売するのが楽しいことなどなど……。

私は、とりあえず聞かれたことに答えただけだったんです。でも、**実は電話に応対していたのは、当時社長だった鈴木名誉会長で！**

「私はウエルシア薬局社長の鈴木です。あなたを社員として迎えます。明日からすぐ来てください」って言われて。あまりにも突然のことで、「履歴書も出してないのにいいんですか」「いま働いているところで次の薬剤師さんが見つかるまでは、無責任なことはできないから待ってください」と言ったんです。鈴木さんは「年収◯◯◯万円の待遇で、ぜひお願いしたい」と。

正直、びっくりしたのも事実ですが、それだけ鈴木さんが私を買ってくれたということが、マンションのリビングで飛び上がるほど嬉しくて。その日の夜、**主人にその話をしたら、「お前、騙されてるよ」って言われたぐらい。**今では「あの時は面白かったね」って家族の間で笑い話になっています。

薬剤師から突然バイヤーに

その時点で私の心は、迷うことなくウエルシアに入ると決まっていたので、Aドラッグで後任の薬剤師さんが見つかり次第引き継ぎを行って、ウエルシアに入社することに決めました。

入社後しばらくして、鈴木さんの指示で、「現場での作業とシステムの連携」について経理システムからヒアリングを受ける機会を設けて頂いて。正直、**「いまだにこんなことやってるの」というのが私の感想でした。Aドラッグは、当時のウエルシアよりIT化も進んでいたし、業務のやり方も洗練されていたん**です。私は、Aドラッグとウエルシアでは業務のやり方も環境もこんなに違います、設備もシステムもこれだけ違いがあります、という話をさせてもらいました。

本部で働き出して3年目の時です。忘れもしない、私の誕生日でした。当時副社長だった今の池野会長が、私の働くお店を訪ねてこられて。**「あなたには本部でバイヤーとして働いてもらうから」**って急に言われたんです。正直、バイヤーという職種が何をするのかもわからなかったくらい。パソコンも苦手だし、保険請求はできても、エクセルの表計算などは全く経験がなかったもので。ただ、**好奇心旺盛な性格なので、ノーという答えはなかった**ですね。

サプライズ人事で部長、そして取締役に

MD推進部長になった時も、ほとんどサプライズ人事だったんです。中途入社5年目で、新設となった部の部長です。**「これでやっと役職と言っていることと釣り合うようになっ**

たな」と上司に言われました。確かに、**当時はビッグマウスと言われても仕方のない発言ばかり**していましたので。

その後、肩書きが部長から取締役に代わった時も、電話口で「これから取締役会議があるから出て」って言われて「え、私が取締役になるの⁉」って。合併したばかりのイレブンにウエルシアの事例や考え方を伝えるメッセンジャーとして、出向になるということだったんです。**突然の大阪転勤**でしたが、迷わず行くことに決めました。

管理薬剤師として社員で入って以降、**私ほどあちこちの部署に異動になっている人というのは、多くない**と思います。ただ、自分で言うのもおこがましいですが、**ある程度期待されているから**だと思います。誰を幹部候補にするか、という時に、**旅をさせるかのようなイメージで行かせてもらった**んじゃないか。振り返ってみると、そんな風に思いますね。

＼金言／

若い時の異動は、人脈を太くする。流れに身を任せて、求められた仕事をやってみる。

私の経験上、**若い頃に異動すると、人脈が太くなって、最終的に必ずプラスになる**と思います。場所にせよ、部署にせよ、環境が変わるというのは、いい転機になってくるので。**「若くて制約がない時ほど、動いたほうがいい」**って私は新入社員にも言っています。

今まで「この部署に行きたい！」という希望を出したことは、一度もありません。「置かれた場所で咲きなさい」という言葉もありますが、**私が必要と思ってくれているから、そこに配属されている**わけで。「商品部のバイヤーの仕事はこんな仕事」ってある程度知っていたとしても、**実際はやってみないとわからない**じゃないですか。それはどの部署でも同じだと思いますし、私なんか最初から全てわからないことばかりでしたし。

今では若手の従業員たちに、今後の進路について聞かれることもあります。例えば、薬剤師で調剤をやっている方から「何か違うことをやりたい」という相談を受けて。意欲はあるんだけど**「どういうキャリアを築きたいか」**と聞くと言葉に詰まってしまう。「どういうキャリアが自分に合いますか？」と聞かれるんです。「あなたはどんなことが好きなの？」「こんなのはどう？」と色々話してみたけれど、本人からは何がしたいのか、具体的な言葉が出てこない。だったら、**流れに身を任せてみることも必要**なんじゃないか、って思うんです。**会社だってその人の資質を考えながら配属を決める**わけですから。

ウエルシアリテールソリューションの社長に指名されて、大きなショックを受ける

ウエルシアリテールソリューションの社長になるという内示も、突然でした。その直前にも、私は当時の社長から、新設となるCS（カスタマーサティスファクション）推進室のリーダーに指名されていて。昔から、**ないものを作る仕事に携わりがち**なんです。道がないところを作るというか。**全く誰もやったことがない、マニュアルもない。どうやるんだ、っていうところをいつも任せられる**役割です。

その仕事がある程度形になったくらいのタイミングで、「前任の社長が定年だから、後

任の社長をやってもらうね」と。全く予感もなくて、「え！」という驚きです。**正直なことを言うと、バスから降ろされちゃったのかな、というショックが大きかったん**です。本体のウエルシアでずっとやってきて、全く違う事業会社であるリテールソリューションに異動するというのは、自分の中で全く想像もしていなかったので。

当時の私としては、ウエルシアの支社長になりたかった。実際に支社長をされている方々は、困難な状況にありながら献身的に仕事をされていて、本当に敬意しかありません。取締役として都市型プロジェクトのリーダーをやったあとは、おこがましいのですが私も支社長を任せてもらえるかもしれない、と思っていたんですね。

＼金言／

会社の根本的な考え方を大事にしながら、自分なりのカラーを加えていく。それが、サラリーマン社長への道。

この時ばかりは本当に動揺しました。いつもはもっと潔くて、すぐ好奇心が湧いたりするんですが、今回ばかりは、どんな仕事なのか全くわからなかった。どうしても、**バスから降ろされちゃった、という気持ちが続いて、不安でした**ね。

でも、1週間経って「私だから任せてもらえるんだ、やらせてもらおう」と思いました。自分がウエルシアリテールソリューションの**社長である意味は、自分で見つけよう**と。

そう決めてからは、会社としてのあり方を考えました。**なんのためにこの会社が必要なんだろう**か、と。そして、まずは**ウエルシア本体としての考え方、精神性を伝えていこう**と思いました。自ら起業した社長と違って、**サラリーマン社長の一番辛いところは、従来とは違う路線で自由にやることが難しい**というところ。さらに、ウエルシアリテールソリューションはCCCMKとの合弁会社であり、ウエルシアホールディングスの子会社でもあるという難しさもあります。

つまりウエルシアリテールソリューションは会社の在り方としていろんな角度があるんですね。だからこそ、ぶれてはいけない。この会社で**自分を引き上げてくれた鈴木さんや池野さんの考え方を軸にしながら自分の色を加えていく**ことを心がけるようにしています。これからも店舗勤務の経験を活かしつつPOSデータの分析を行うことで、お客様のニーズに応え地域の幸せに貢献できるようなお店作りをしていけたらと思っています。

お客様の話を聞きながら、ナンバーワンの売り上げを目指す

ウエルシアに入った当初は、薬剤師としての勤務だったので、レジのシフトには入っていなかったんですが、売り場が混んでくると、レジ打ちのフォローに走ったりもしていました。それが楽しくて！　でも、当時店長の田中さんから「あなたの仕事はレジじゃないよね。何か聞きたいお客様がいるのに、薬剤師がカウンターにいなければ聞けないから、レジには入らないで」と注意されて。それ以降は、自分の役割は薬剤師なんだ、と意識するようになりました。ちなみに**田中さんは現在、ウエルシア薬局の社長**となっています。

私は店頭でお客様とコミュニケーションを取るのが好きでした。それ以降は、売り場で困っているような人がいたら話しかけるようにしていました。薬剤師のカウンターを気にしながらね。

今では日々の売り上げも詳細なデータが出るようになりましたが、昔は1週間に1回のテレビ会議で成績が発表されていたんです。売り上げ規模と坪数ごと店舗がリーグ分けされていて。**私は絶対に、Aランクの1位。当時の店舗数はおよそ250店舗ほどだったと思うのですが、そのナンバーワンじゃなきゃ嫌だった**んですね。

入社してしばらくの頃、他店舗にライバルとしてお互い意識しあっている薬剤師がいました。コンクールの裏で、競争しようと電話が掛かってきて、私もプライベートでその人のいる店舗を見に行ったり。**スキルの高い人たちの仕事を見るのは、本当に楽しい**んです。私も意識されることは多かったし、宣戦布告されると、負けず嫌いの性分なので、**いい意味でライバル関係っていう関係性をお互い楽しんでいました**。

負けず嫌いな性格もあるけど、一番の理由は**「面白いから」**。**「これをどうやって売ろうかな」と考えるのが好き**なんです。陳列やポップ、そしてセールストークなど。私は売り場で迷われている方には、すぐ声をかけに行きましたから。

例えば美白のスキンケア用品で、安価で人気のある商品と、機能性が高く高価な商品がありますよね。やっぱり**売れ筋は安価なほうだけれども、商品の成分の違いや効能をしっかりと説明してあげると、高機能でより効果の高い商品を選ぶ**方もかなりいらっしゃいます。さらに、「明日は同窓会だから、このシミを隠したい」という方には、すぐに肌を白くキレイに見せてくれるコンシーラー化粧品をお勧めすることもできます。**最終的に選ぶのはお客様で、自分は一歩下がる**形で。

そのお**客様の目的は何なのか、どの程度の効果を期待しているのか、ということによって、選ぶ商品は変わってくる**んです。**「あなたがいるから買いに来たのよ」**って言われた時には、とても嬉しかったですね。

＼金言／

データを見る時こそ、原点に帰って
お客様の顔を思い浮かべる。そのことが、
隠れた顧客の需要を読み解くことにつながる。

この現場での経験が、リテールソリューションでのデータ分析の仕事に役立っています。薬剤師として**現場の第一線に立っていたからこそ、データからお客様の顔を思い浮かべることができる**。常に原点に立ち返ることが、重要だと思うんです。

ライバルの視点から見てみると、違ったことが見えてくる

競合他社の店舗も常に見ています。家族で出かけている時でも、ドラッグストアがあったらちょっと寄ってもらったりして。家族には迷惑かな、と思いつつ、**自社の店舗だけ見るのではダメ**なんですよ。私は勉強のため、他店のスタッフに質問をする時もあります。**お店というのは、たとえチェーン店であろうと、1店舗ごとに特徴やそのお店の持つ力がある**と思うんです。営業部や商品部の方の中には現場に行きたくても行けない人もいらっしゃると思いますが、私は今でも新店は必ずチェックしています。

以前は都市型プロジェクトの一環として、M&Aする先の企業を調査するということもやっていました。そのため、相手先の店舗がどこにあってどういう店かを、自分の目で見ておくんです。当時は、駐車場の有無から入っている化粧品のブランド構成までポイントをチェックして、報告書を作成するようなこともしていました。

人によっては、よその店や企業のダメなとこばかり見る方もいらっしゃいますが、私は**「この店のここはすごいな、真似したいな」という目で見る**ようにしています。結局は、お店作りが好きなんですね。現場の人たちの経験が、従業員の動きやお店の棚、雰囲気などに全部現れてくるのですから。

＼金言／

目の前の仕事を、違う視点から見てみる。ライバルの優れたところを盗む。

そして、そういう話を新入社員にもするようにしています。入ったばかりのスタッフは、商品一つ一つの名前や分類を覚えて、品出しするだけでも精一杯だと思うんです。でも、**毎日何も考えずに作業するだけでは辛いし、仕事も面白くならない**じゃないですか。「いま働いてる店はこうだけど、他社競合はこんな感じなんだよ」とか、「スーパーとは陳列の方法が違うんだよ」**「あの人の売り上げがいいのは、こんなところを頑張っているからだよ」**っていう話を少しするだけで、みんなハッとしますね。

興味を持って、意識を向ける、視点を少し変えるだけで、どんどん成長していきますし、これまでと同じ品出し作業をしていても、いろんなことを考えるようになるんです。さらに「店長さんは、この時間にこんな作業をしてるんだよ」とか、「あのパートさんは、こんな接客をしていて、去年は◯◯の売り上げが全国1位だったんだよ」なんて話をすると、周りの人たちの動きも見るようになる。自分たちのお店に誇りを持って、商品を大事にしている店は、必ず見るとわかるものです。そんなお店がもっと増えたら、働くスタッフも幸せですし、地域の社会にもさらに貢献できるはずだと思います。

人は困難な時ほど、成長する

振り返ってみて、自分が大きく成長したな、と思うのは、商品部のバイヤーになった時と、南大阪に出向となった時です。

入社三年目で、本社の商品部バイヤーになりたての時は、仕事内容も全くわからないまま、いきなりベテランのバイヤーさんとの二人体制になって。粗利もわかっていないし、もちろん外部と交渉したこともないので、いきなりの現場は辛かったですね。先輩バイヤーからは、「お前大丈夫か?」って言われて、悔しい思いもしました。

役員としてイレブンに行くことになり、大阪に出向した時も大変でした。部長と取締役では役割も責任の重さも違うので、プレッシャーも感じたし、辛いことも多かったですね。でも、そこで**自分の中で飛躍的に成長した**な、と思います。

＼金言／

場所や組織は離れていても、困難な時に助けてくれる仲間は、人生の宝。

店頭で接客することが好きで、薬剤師としてウエルシアに入った私。バイヤーやＭＤ（マーチャンダイジング）としての役割を任されるうち、店舗作りや仕入れの知識は身につけていたものの、役員に必要な知識も経験も全くありませんでした。だから、**プライベートでは学校に通って勉強をして、ＰＬ（損益計算書）や、ＢＳ（貸借対照表）などを３ヵ月ほど学んだあたりから、経営目線での数字の見方や人材マネジメントなどが、少しずつ見えてきました。**さらに東と西では企業文化も違いますし、売れ筋の商品も味の好みも違う。関西特有の文化に慣れて理解するまでには、苦労することも多かったです。

この**出向は、自分を応援してくれる人がわかるタイミング**でもありました。「大阪出張だったから、村本さんに会いに来たよ」と私のところまでわざわざ顔を見せに来てくれる人の存在が、どれだけ助けになったことか。**場所や組織は離れていても、困った時に助言をもらえたり駆けつけてくれる人たちは、一生大事にしなければならない**と思います。

手探りで立ち上げたＭＤ推進部

ウエルシアがさまざまな薬局と合併して規模を拡大し、組織構成も大きく変わっていく中で、ＭＤ推進部の立ち上げも行いました。新聞や本などでリサーチして、他企業の記事を見たりしながら「ＭＤ推進部」の名前も提案しました。

それまではバイヤーが陳列時の棚作りの作業もすべて行っていたのですが、今後規模拡大するにあたって、バイヤーは取引先との商談と定番棚割を、ＭＤ（マーチャンダイジング）推進部はプロモーション陳列の戦略を行う、というすみ分けを決めていきました。

ＭＤ推進部では、メーカーさんと協働することも多く、自然と仲間意識も生まれましたね。メーカーさんたちと共に新店舗に出向いて、空っぽの棚を前に、ああでもないこうでもないと悩みながら、商品の配置を決めていくわけです。ＭＤといったらかっこいいですけれど、仕事は作業を伴う肉体労働も多く、新店の改装であちこち出かけていました。

＼金言／

取引先と共に考え、汗をかくことで、一生モノの「人と人」の関係性を作る。

規模を拡大していく中で、かなりの数の改装や新店の陳列をするから、メーカーの担当さんは、ご自身の会社に行くよりも、ウエルシア薬局の新店に来る方が多かったりするわけです。合併したての改装ラッシュの際には、2週間で8店舗がオープンする時もあって、もう本当に大変でした。

いいのドラッグと合併した頃は、**設計図もなしに現場で手探り**でやっていました。私は何もわからないから、見よう見真似で。今は法律で一類、二類と商品陳列の方法にもコンプライアンス的にさまざまな陳列のルールがあるのですが、当時はそんなものもなかった。**みんなで手を汚しながら脳みそに汗をかくような感じで、フル回転でやっていました**ね。例えば風邪薬なら、咳の時はこれ、熱の時はこれ、とカテゴリーごとにグルーピングして、ついで買いも促したり。これは売れ筋だからを通路側に配置して、ここには関連商品のこれがくるよね、なんてことを意識しながら棚作りしていました。

棚というのは、限られている空間。全体の枠がある中で、現在では基本的な陳列ルールも決まっており、さらにメーカー様側にも戦略としての優先順位もあります。それを総合的に考えて、徐々に形にしていくんです。つまり、メーカー様側にとっては、この棚に何割自社の商品が入るか、という競争なわけです。それが直接、商品のシェア率につながってきます。棚作りを一緒にすることで、会社を訪問して「うちの商品を入れてください！」という**頭を下げるビジネスだけの関係よりも、ずっと強い関係性を築くことができるんです**。もはや戦友と言ってもいいような関係になるんですよね。

そうやって培われた人との関係性は、まさに一生もの。たとえお互い**キャリアが変わったとしても、別のフィールドでも協力し合えるいい関係となる**と思います。

メーカーと共に商品を育てる

シーズンごとに、ブームになるような商品ってありますよね。コンビニでもスーパーでも欠品続きで、入荷すると必ず売れるし、客寄せにもなる、どの店も喉から手が出るほど欲しい商品。そんな商品を「今すぐ大量に入荷したい」と言っても、それは難しい話です。けれど、受験シーズンに向けたフェアを打とうと**半年前から準備しておけば、メーカー側も必ず必要な数だけ用意してくれる**んです。

さらに今後**ヒットとなりそうな商品を見つけて、メーカーさんとアイデアを出し合い、共にプッシュして育てる**、みたいなこともやっていました。そうすれば**取引先との太いパイプができるし、一緒に商品を育てた、という気持ちも生まれてくる**ものです。

＼金言／

得意先でも商品でも、「柱」をいくつも作ることで強くなる。

得意先でも商品でも、**柱が1本だけだと弱いけれど、たくさんあれば強くなります**よね。そういうことも意識しながら棚作りすると共に、**いろんなメーカー様とのお付き合いを広げていく**ようにしていました。そういう意味では、私がMDの時は新店が続々オープンして大変でしたが、**実験できる環境がたくさんあったのは恵まれていた**と思います。

人に任せられることは任せて、「自分にしかできない仕事」をやる

若い頃は、「自分でできることは、できる限りやりたい」と思っていました。私は「これはこの程度でいいや」とか「他の人にやってもらおう」っていうのはできない性分だったんですね。でも、ポジションが上がり守備範囲が広がるにつれて、ようやく**人に任せることができるように**なってきました。というよりも、そうしないと自分の仕事に手が回らなくなってきたのです。だから、**「私は自分にしかできない仕事をやろう」**と決めました。

そのためには、**やらなければいけない優先順位を決めて、スケジュールを立てることが重要**。その上で、人にお願いできることはやってもらうようにしています。

人に仕事を任せる時は、その目的とポイントを伝えて、細かいところはそれぞれのやり方でやってもらうようにしています。**社長は大きな流れとポイントだけを掴む必要はあり**

ますが、細かいところまでは口出ししないほうがいいと思うんですね。

＼金言／

自分にしかできない仕事をするために、他人に任せられる仕事は任せるようにする。その際には、目的とポイントを伝えて、それぞれのやり方でやってもらう。

時には任せていたプロジェクトが失敗してしまうようなこともあります。でも、**失敗も経験しないとわからない**。だから、**やったことよりも、失敗をどう処理するか、ということを評価する**ことも必要です。早めに動いて被害が広がらないように処置するか、周りに助言を仰いでリカバリーするか、それとも放置して知らん顔をするか。また、**マネジメントする側も、適切なアドバイスをして現場が困らないように手配する**など、非常時には**チーム全体で助け合うことで、より強固なチームワークを築いていくことができる**と思います。

勝手にスタートさせた「ウエルシア薬局突撃レポート」

ＭＤ推進部として、日本中を駆け巡っていたとき、「ウエルシア薬局突撃レポート」なるものを勝手にやっていたこともありました。

新店ができた時は、本社の人たちもどんな店なのか見てみたいと思いますよね。また、現場のスタッフも、コンクールで強い店はどんな陳列をしているのか、気になると思うんです。だから、私は「皆さんこんにちは、○月○日、ウエルシア薬局○○店に来ています！」って突撃レポートをしていました。「じゃあ早速入ってみましょう！」っていきなりカメラ回しながら。店長にも知らせずに行くから、初めの頃はみんなびっくりしていましたが。

そこで私はそのお店のいいところを見つけて「ここの陳列がすごいですね」とか「この商品はなぜ売れてるんですか？」ってインタビューしたり。「あのパートの方がたくさん売ってるんです」って教えてもらったら、さらにその方に「どうやってお客様に声かけてるんですか？」と参考にしてもらえるように聞いたりしていました。

＼金言／

自分にしかできないことを、楽しみながらやる。

そしてその映像を、テレビ会議の時に流していました。**繁盛しているお店の理由を知ろうと思った時、レポートとして報告を読むよりも、そのお店の様子を映像として見たり、お店の人に「なぜこのような陳列をしているんですか？」って聞く方が理解も早い**ですよね。しかも、私の視点から見たその店舗のいいところを、会議の出席者全員に伝えることができる。**本社で視聴しているスタッフも、一瞬で現場の空気を感じ取ることができる。**

私は、**「これをやれば面白いし、会社のためにもなる」と思ったら、必ずやる**ようにしていました。自分一人では難しい時には、協力者を探して相談したりと、**周りを巻き込み**ながらね。最後のほうは、会社から、あれをやってくれ、これをやってくれ、とテーマやオーダーが飛んできたりもしました。正直**「誰でもできることはしなくてもいい」と思っていました**ね。

最終的に私は、関わる人みんなが「今日は楽しかったな」って思えればいいな、という気持ちが強いんです。「これは仕事だから」「数字だけ見てればいい」というのではなく、**みんなで「生きる楽しさ」を感じたい**、という思いです。

「数字」で目立つことで、周りの見る目が変わってきた

私が管理薬剤師として中途入社した頃は、「この店舗の主になる！」ぐらいに思っていました。当時は自分のいる店しか知らなかったということもあると思います。私もまだまだ若くて尖っていたので、あるエリアマネージャーの方とぶつかることも多くて。「異動

させる」って言われた時に、内心**「簡単に異動できない状態に私がなるしかないな」と覚悟したん**です。「この店は村本さんがいなければ回らない」と言われるようになろうと決意しました。

そんなこともあって、**私のいる店は、やる気のある人ばかり出世コースに乗るような店にしようと決めたん**です、勝手に。それを、当時の副社長だった池野さんにも明言したのですから、若さって怖いですよね。

＼金言／

なんでもいいから「数字」で1位になる。そうすれば、周囲の見る目も変わってくる。

そしてそのためにまず、**販売コンクールで1位を取ることを目標**にしました。コンクールで「どれだけ売れたか」販売個数で明確に結果が出るわけです。1日に最低ここまで売らなきゃいけないという裏目標を設定して。ただ、そのために**自分で買うようになっちゃうと絶対うまくいかない**んですよ。もちろん自分が欲しくて買うのはいいけど、自腹で購入するとキリがないし負のスパイラルになってしまうので、それだけはやりませんでした。

コンクールで1位になると、同業者や取引先など、いろんな人が店を見に来るんです。とある取引先の営業の方は、「サンタさんになったよ！」ってコスプレして、クリスマスケーキを運んできてくれたりしたこともありましたね。どの商品であれ、**売り上げなどの「数字」で1位を取ると、みんな目に見えて良くしてくれるようになる**ものです。

周りを巻き込みながら、みんなで楽しんで仕事する

「数字」、つまり売り上げを上げるためには、陳列を工夫したり、店内アナウンスでアピールしたり。**自分一人の接客だけじゃ限界がありますから、いかにみんなで楽しむかを考えていました。**パートさんから店長まで、みんなでやると、店が盛り上がります。新入

社員にも、これまでの売り上げ数がわかるようにシールを貼ったりして、みんながやる気が出るように工夫をしていました。

さらにお客様が該当の商品をお会計する時に、レジの人が「えー！　これみんな買ってるんですよ！」って言うとかね。マスクのコンクールの時も、若いアルバイトスタッフが「マスクに彼氏募集中ですって書いていい？」って言うから「書いていいよ、でもマスクの宣伝もしてね」なんて言って。それが楽しい。その**楽しさが地域の口コミで伝わって、継続的な来店につながる**わけで。そういうことを自主的にやっていました。

当時私が勤務していた店舗の店長が、バイヤーも兼任しつつ、若くして執行役員になられた田中さん。当時、田中さんが言ったことがあるんです。「僕と村本さんは、店舗では長くは働けない。僕らは池野さんの手のひらの上で踊るんだよ。そうやって会社全体のことを考えて、ウエルシア薬局をもっと強くしていこう」って。それだけ**優秀だった店長と働ける1日1日が宝だと思って仕事をしていました。**私は本当に、ついてましたね。

やっぱり**1位を取ろうと思ったら「いろんな仕掛けをいかに早くスタートするか」「いかに人を巻き込むか」が大事**だと思います。

＼金言／

1位を取るためには、早くからスタートして仕掛ける。周りを巻き込んで、楽しみながら仕事する。それが成功体験となって、より強いチームとなってゆく。

あとは**「この通りにやれ」ではなく「好きなようにやってみて」と言うのも大事**ですね。例えば、マイクアナウンスパフォーマンス。「これをこの通りに読んで」って読まされるのは、命令だしあまり楽しくないですよね。だったら、自分で考えてもらったほうがいい。そして、それをベースに**ポイントを加えてフィードバックしてあげる。自分の頭で考えたものだったら一生懸命やる**と思うんですよね。

店長やパート、薬剤師、化粧品担当など、それぞれに誇りを持ってやれる仕事を、楽しんでやってほしいんです。それぞれの人を舞台に上がらせる作戦を考えて、それぞれが考えて楽しみながらやってもらう。そうすることで、**売り上げも楽しさも得られたという成功体験は、チームをより強いものにしていく**と思うんですよね。

実力で、店長を飛び越えて東京地区部長に

今でこそ、女性店長はいっぱいいますよ。今は亡き鈴木孝之名誉会長も、会議の時に「女性店長を作ろうと思うから、やりたいと思う人は私宛に『親展』と記載して手紙を書いてください」とおっしゃっていたんです。でも、当時はそれでも難しかったんですよ。当時のエリアマネージャーに、「村本さんは店長になるのは無理だね」って頭ごなしに言われました。とても悔しかったのを思い出します。

だから、**数字で実績を出したん**です。それから10年も経たずに、**東京地区部長になって、店長を束ねるポジションにつくことになったん**です。思い起こしてみると、これもサプライズ人事でしたね。でもその時は、「私はまだ店長にもなっていないので、まずは店長をやらせてください」と言いました。店長経験もなくて業務もわからないのに、店長を40人も束ねるのは難しい、と思って。

＼金言／

1人ずつ味方につけていくことで、みんなを味方にする。

そうしたら、当時社長だった水野さんは「店長経験のない営業統括部長がいてもいいんだ、村本さんならできるからやってほしい」と、笑顔で言ってくださいました。ただ、やはり店長業務もわからないのに東京地区を束ねられるわけがないと考えて、**先輩の店長にお願いして、朝のシャッターの鍵開けから鍵締めまで、**３日間だけ**店長の仕事業務を経験させてもらったん**です。

東京地区部長になりたての時には、店長の協力が得られなくてはじめは苦労しました。確かに、店長経験もない、自分より年下の小娘がいきなり地区部長です、なんて言われても、納得いかないと思いますよ。だから、東京中の店舗を回って、**それぞれのお店で「これは困ってるだろうな」ということを見つけては、勝手に手伝ったり**していました。品出しなんかは自主的に、大事そうなことは店長に相談しながら。そんなことを**１ヵ月ぐらい**

続けていくうちに、地区みんなで協力してくれるようになりました。**1人ずつ味方につけていくことで、ある時からガラッと状況が変わりましたね。**

全員の意欲を引き出してこそ、トップになれる

多くの人を味方につけるためには、まず自分のことを好きな人を見つけるのがいいと思います。自分を嫌いな人は、味方にはつけられませんから。そして**チームをまとめるリーダー的存在を見つけて、その人を味方につける**ことですね。私は**どんな組織にも「262の法則」があてはまる**と思っていて。トップの2割の人は、自主的に考えてできる人。2割の人は、意欲が低くてサボることばかり考えている人。残りの真ん中の6割をどう扱うかで、全体の意欲って変わるじゃないですか。それはどの世界でもそうだと思います。

まず**最初は、上の2割を伸ばす**のが絶対やりやすいです。その次に**真ん中の6割のやる気を引き出す**という作戦に出ます。トップを目指す、つまり**社長を目指す人であれば、意欲の低い2割をどうするかというところまで考える必要がある**と思います。

＼金言／

まずは「262の法則」上位の人を味方につける。その意識を周囲に伝えることで、全体の士気も底上げされる。

例えばコンクールの期間があったら、コンクールの始まる前から準備を始める。そして**上位2割のできる人と一緒にキャラバン隊として各店舗を回って実演販売を行うことで、売れる手法を見てもらう。**そうすると、**各店舗の数字は確実に上がる**んです。そこまでやることで、**意欲の低い人たちにも「こうすればうちの店でも売れるんだな」とわかってもらえる。**やり方がわからないだけだったりするんですよね、結局。

そういった他の地区長がやらないことを、私は当時やっていましたね。

別部署の人から、相談を受けることも

こんな性格の私ですが、全然違う部署のスタッフが、私に直接電話してきたり、メールをくれたりすることもあります。**縦割りの組織として考えると、そんなことはあまりないことだと思うのですが、**私は**１００％自分の責任の範疇で相談は受ける**ことにしています。それと同時に、**その話を社内で話してもいいのか、私止まりにしたほうがいいのか、というのも必ず聞く**ようにしています。私もそうなのですが、**人って悩みを誰かに話すことで、9割方自分の中で感情の整理がつく**ものです。人に話すことで、別の角度から自分の悩みを見つめ直すこともできるということがあると思います。

もし私が動くことになった時は、そのことについての責任だけではなく、**その人の面倒を一生見るぐらいの気持ち**でいます。私は会長だった池野さんに、**「一番大事なものはなんだ」と聞かれたことがあります。**出向先の大阪から「そろそろ戻っておいで」と言われても、「まだ戻りません」と答えた際に、会長にそう聞かれたんですね。私は「利益ですか、売り上げですか」など、理由を考えていろいろ聞いたのですが、会長は**「いや、違う。お前なんだ」**と言われて。つまり**「私はあなたのことをしっかり見てるよ」**ということなんです。その会長の**魔法の言葉にどれだけ助けられたことか。**

＼金言／

悩みの9割は、聞いてあげるだけで解消される。もし周りを巻き込む時には、人生を引き受けるつもりで。

それからは、**人の人生に関わるとしたら、ずっと関わるぐらいの覚悟を持ってやらないといけない**、と思って。その時だけ、「あの人がこんなことを言ってたよ」みたいな言い方をするんじゃなくてね。意外に甘いのかもしれないですね、私は。

ただ、私を頼ってくれるのは、直属の上司には言えずに、私だから言ってくれているところもあると思うので、そんな気持ちで話してくれる人には、できる限り答えられたらいいと思うんです。

バスに乗せる「相思相愛の人」を選ぶ

信頼できる人は、目の輝きが違います。意識の差が、目に現れるのかな、と。さらに、**第一印象ってすごく重要**だと思っていて。それは、**挨拶や体の向き、喋り方などに現れてくる**と思います。適当に上辺だけで言っている時と、自分の言葉で一生懸命言う時って、違いますよね。**しっかり考えていないと、自分の言葉で話せない**し、それは目の輝きや態度にも現れてくるはずです。

正直なところ、私はそんな人にしか声をかけたくない。そういう人って、次に来た時にも声をかけてきてくれたり、的確な質問をしてくれたりしますね。それで私も嬉しくなって、相思相愛の関係になっていく。それに、**売り上げなどの数字で目立つことも大事**なので、たった一つの商品だけでもいいから数字で目立つのがいいと、私はよく伝えています。

バスに乗せる、つまり**身内のように大切にする人を選ぶとなると、「262の法則」**で

トップ2割の人を相手にするほうが、自分もワクワクして楽しいもの。相思相愛になるのも、自然と262の上の2割の人なんですよ。もちろんビジネスですから、下の2割の人に対しても好き嫌いなく接するようにしています。ただ、同じ言葉をかけたとしても、上位の2割の人のように言葉にプラスアルファされて響かないな、と感じることは多いんですよね。

＼金言／

身内にするのは「262の法則」トップ2割の人。その人を見つけ出して、「大事に思っている気持ち」をストレートに伝えれば、相思相愛の関係になれる。

上位の2割の人には、「私はちゃんとあなたのことを見てるよ。お店の数字も見ています」って伝えます。近くに行くことがあったら、現場に行って、こっそり言うんです。「今日は私、あなたに会うためにここに来たんだよ！」とか「会社にとってあなたは宝です」って。それは自分が名誉会長や会長に言われて本当に嬉しい言葉だったので。

自分が会長にしていただいたことは、次からは自分がしないといけない。**私は、会長の思いを社会に伝えるためのメッセンジャー**だと思っているからです。

自分のキャラクターを知って、仕事に活かす

私はロジカルに物事を考えるのが苦手です。感情的で先に行動してしまうタイプなんです。のちに本で読んだりして学習することで、**男性と女性の脳の構造が違う**とか、いろいろわかったこともあるんですけれど。

私は、若い頃は直球ばかり投げている感じでした。だから、私のこと苦手な人は多分寄ってこないと思うんです。カーブが得意な、ユーモアに長けている人は羨ましいな、と思ってしまいます。ユーモアセンス的なところを磨きたいと、いま学んでいるところです。

相手の心を開かせて、本当は何が言いたいのかを聞き出すことが得意な人もいますよね。俳優のように振る舞って、争うことなく、うまくやっている方も。

昔のことを思うと「私が、私が」と、いつも自分は前のめりでした。部長の時までは、会議のかき回し役として、人が言わないことを言うのが仕事だとも思っていたので。現場にいる時から思い返すと、私は「よくそんな大きなことを言ってたな」なんていうことも多かったですね。

＼金言／

自分のキャラクターを知ることで、組織の中での役割を見つけ出す。時には、役職に応じて演じることも必要。

以前は会議が終わってから「ほんとはこうだよね」なんて別の場所で話して、自分なりのやり方でやる人たちもいましたね。**私は本音を言えないような雰囲気の会議で「水面に石を投げて、意見が言えないような状況を打破する」ような役目を果たしていたん**じゃないかと思うんです。**会議は、本音で話し合ってみんなのベクトルを一つにするための場。**やっぱり、私は人が好きなんですよ。本音で話ができて、相手の本心を聞けたという状況を楽しんでいます。「今日はあの人が心を開いてくれたな」とか「そんな考え方もあるんだな」と。

部長の時には、**鎧兜《よろいかぶと》を被《かぶ》って怖い顔をしていないと自分が壊れてしまいそうな時期**もありました。ウエルシアの規模が拡大して、新店改装が続いた時や、ＭＤ推進部がスタートした頃のことです。新店の陳列を作り上げるのが本部の仕事で、開店したら店長にバトンタッチするのですが、時に陳列の方針で上司とぶつかることもありました。私は、特定の人がいないと成り立たない売り場を作るのではなく、**どんなスタッフでも維持することのできる標準モデル的な売り場を構築したかった**のです。

お陰で最近では、ガムシャラに前に進めるだけではなく身を引くやり方も少しは覚えてきました。社長や役員になってくると、**発言に責任が伴いますし、決断しなければならないので、少し離れたところから鳥の目で全体を俯瞰しないと正確な判断ができないものです。**そのように、**組織の中で自分なりの役割を演じるということも重要**だと思っています。

経営判断には、直感とスピード感が重要

会社経営においては、いろいろな状況で判断しないといけない場面があります。**私は直感に従って、スピード感を持って進めるタイプ。迷ったらGO**です。失敗も成功への道だと思っているので、**迷ってやらないよりは、迷ったら実験だと思ってやろう**、と。

＼金言／

判断に迷った時には、実験だと思ってとにかくトライしてみる。

現在、ウエルシアリテールソリューションでは、現品サンプリングを実施しています。小さいエリアからでも、まず始めてみようと。会議だけ続けていても、意味がないので。

試供品サンプルを配布することは、もちろんこれまでも行っています。今回試みているのは、お店でも販売している現品をサンプルとして提供するので、意味合いが大きく違います。現在コンビニで、この取り組みを行っているところもありますが、ドラッグ独自ではほとんどないはず。**コンビニで行っているのであれば、やらない理由はない**と思ったんです。これは、若年層がドラッグストアに行く頻度が、少しずつ減っていることに対する施策でもあります。そんな中で、ウエルシアでこれがもらえたよ、使ってみたらよかったよ、って若者の口コミで広がるインパクトは大きい。そういった形で、お客様を店舗に連れてくる施策を考えないといけないんです。**今と同じことをやってたら、お客様は減るばかり**だから、新しいことをやらないと。私はそういうスタンスですね。

現場の意見と経営の意見が対立した場合

経営判断で会社としての方針を変える時など、現場から反発を受けることもあります。

経営と現場が対立する時というのは、経営者がどういう意味で決定したかの本意が現場に伝わってないケースが多いものなのです。例えばウエルシアでは、2025年よりすべての店舗でタバコの販売を終了しました。そうすると当然、その分の売り上げはなくなってしまいます。さらに、従業員の中にタバコを吸う方もいるし、常連さんでタバコを買いに来るついでに買い物をする人もいるわけです。でも、タバコ販売をやめたのは「日本国民の健康を願うウエルシアとしてタバコ販売はやめる」という大前提での決断だったので、数字が落ちるのはもう完全に折り込み済みでの判断でした。そして、それを**丁寧に説明することで、現場にも納得してもらった**わけです。**大事なのは、誰が正しいではなくて、何が正しいか**、ということを伝えること。そのようなことを、会長の池野さん、社長の田中さんは、よくお話しされています。

その一方で、ウエルシアは現場への権限委譲が進んでいるので、**指示書があったとしても4割程度は現場で変えることも**良しとする文化があります。指示書を作っているのは、その店の環境まではわからない本社スタッフなわけですから、**状況に応じて現場で対**

応を変えたほうがいいことも多いのです。もちろん個人商店ではないので、エリアマネージャーや支社統括部長と相談しながら進める必要はありますが。

＼金言／

「現場は言う通りにやれ」では、絶対にうまくいかない。経営の考える方向性を示しつつ、状況に応じて現場判断も必要。

人との接し方と、セルフブランディング

私は**どんな人に対してでも「はじめまして、よろしくお願いします」という気持ち**を、同じように持っています。新入社員の方でも、大手企業の社長さんでも、**先入観を持たずに、相手のことを尊重して接する**ように心がけています。まずはご挨拶したい、その人を知りたい、自分を知ってもらいたい、という気持ちが大きいからです。自分より先に生まれた方は、やはりそれなりの人生経験があることに敬意を抱きますし。同じくらい、若い方からこそ学ばせてもらうことも多くありますから。

社長になって特に変わったのは、「自分が『ウエルシア』というブランドを背負っているんだ」と、意識するようになったこと。壁に耳あり、障子に目ありではないけれども、自分の発言や一挙手一投足に責任を持つようになりました。さらに、自分のコーポレート写真を撮影することもそうですし。**階段を一つ上がった時には、ある程度の覚悟をする必要があるの**と思うんですね。

さらに自分のポジションに見合う存在になるために、常に自分磨きを心がけています。**プライベートでも自己投資して、学びを続けてゆくことが必要。**だから私は、自分が「こうありたい」って思う人たちのいるところに行くようにしています。以前はグロービス経営大学院のようなＭＢＡスクールに通ったりもしましたし、社長になった今でも、起業家の方が開催されるセミナーやパーティーなどに自腹で通っています。

＼金言／

自分のポジションに見合った、セルフブランディングを意識する。

そこでは、**業種を超えた素晴らしい人たちと出会う機会がある**んです。いろんなところで人ってつながってくんですよね。私は「ナチュラルな人ですね」と言われることも多いのですが、女性起業家の方の中には、神々しさのある雰囲気の方もいらっしゃいます。そういう方には、やはりそれなりの接し方をするようにしています。それは、**人と場の雰囲気に合わせることが大事**だと考えているからです。

時代に合わせた働き方へ

呼称一つとっても、時代に合わせて変えていかないといけない、と考えています。これまでは○○部長、○○社長、という感じでしたよね。でも、私が好感を持つような会社は、肩書なしの「さん」付けのことが多いですし、「役職で呼んでる間はパワハラはなくならないよ」っておっしゃる方もいて。だから、池野会長に相談させていただいて、2020年からは、肩書なしの「さん」付けでいきましょう、と提案しました。**気がついたことから、少しずつ改善して良くなれば**、と思っています。

ウエルシアは、比較的女性活躍も進んでいるほうだと思います。女性店長や、女性の部長クラスも多いですし。2023年からは、各部署、子会社の役員クラスも、女性が必ず入るようになりました。改善し続けることは必要なことですが、それでもまだまだ課題も多いとは思っています。

＼金言／

時代が激動していく時は、組織がより良くなっていくチャンス。その時には、チーム内の意識のベクトルを合わせていくことが重要。

女性活躍についてもそうです。人数合わせに女性を幹部にしたとしても、会議の中で発言しづらい空気があれば意味ないですよね。そういうことから変えることで、空気感を変えていくことが大事ですね。それは、それぞれの社員を個人として認めて、ひとりひとりを大事にするというメッセージでもありますから。

さらに席の座り方や服装にしてもそうですよね。これから伸びるベンチャー企業では、そういった慣習はないと思うので。**男性的で、上下を重んじる昭和の負の遺産は、一つ一**

つ変えていかないといけない。私がユニフォームプロジェクトのリーダーだった際には、ウエルシアのユニフォームは男女差をなくしジェンダーレスにしました。髪の毛は黒のみという規定もゆるくして、化粧品担当のユニフォームなども刷新したことで、フロアに流れる空気も変わってきたのを感じます。

2023年12月には、営業でも紺か黒のスーツ姿というルールもなくなり、髪色は自由、ビジネスカジュアルもOKとなっています。ただ、TPOに合わせた服装、ということもあるので、そこを理解してもらうには苦労していますね。おしゃれと身だしなみは違うので、**自分なりのおしゃれを追求するのではなく、お客様から見てウエルシアらしい品格を保つことは必要だと考えています。**

意識のすり合わせを行うのは大変ですが、そのために**コミュニケーションが活発になれば、より良い会社になるチャンス**でもあるので、一つ一つ、良い方向に会社を導いていければと願っています。

COLUMN

自他共に認める「天然」なキャラクターと、ロジカルな理系女子の思考

三社長の座談会の際、「座右の銘」を色紙にお書き頂いた際の裏話。「準備をしたいので、30分ほど前に伺いたいのですが」とのことで、早めに現場入りした村本社長。会議室に入るやいなや「練習させてもらいますね」と毛筆を取り出して習字の練習を開始。

村本社長は天真爛漫な、いわゆる「天然キャラ」。人懐っこく話しやすい反面、雑談の時は、お話が脱線してしまう時もしばしば。それがひとたび自身の業務について話し始めると、経験に基づいた分析と湧き上がるアイデアで、「さすが！」と驚くエピソードの数々が。そんな村本社長が筆を振るった言葉は、「上善如水」。器に従って形を変え、柔軟に生きていく。水のように、誰からも必要とされる存在になる。さまざまな現場で経験を積みながら、しなやかに、たおやかに「今」を生きる。女性社長ならではの言葉。

村本 泰恵（むらもと やすえ）

ウエルシアリテールソリューション株式会社
代表取締役社長

1969年 山口県に生まれる
1991年 昭和大学薬学部卒業
東京女子医科大学病院薬剤部に就職
東京大学病院分院薬剤部研修生合格
東京大学病院分院教授推薦にて東京女子医科大学病院調剤部に就職
1992年 結婚を機に離職
2001年 ドラッグストアにてパート薬剤師として勤務
2003年 現ウエルシア薬局株式会社に管理薬剤師として中途入社
2006年 商品部バイヤー・中小型バイヤー
2008年 MD推進部部長 社長賞受賞
2010年 ウエルシア関東株式会社執行役員・東京地区営業部長（40店舗管轄）
2011年 株式会社イレブン 取締役 兼 ウエルシア関東株式会社 執行役員
2013年 ウエルシア薬局株式会社 商品部バイヤー
2014年 店舗改革担当（社長直轄）・営業統括本部・MD調査部
2015年 執行役員・営業戦略本部都市型PJリーダー
2019年 取締役・CS推進室（社長直轄）
2020年 執行役員・営業戦略本部・CS推進部ユニフォーム刷新PJリーダー
2023年 ウエルシアリテールソリューション株式会社 代表取締役社長

3

株式会社麺屋武蔵
代表取締役社長

矢都木《やとぎ》 二郎《じろう》

90年代から今に続く、ラーメンブームを牽引する存在の麺屋武蔵。そこへ「一番人気のつけ麺店で学び、将来的には独立したい」との思いで入社した矢都木氏。だが、創業者であり親方でもある山田氏のもとで働くうち、「親方の考え方＝麺屋武蔵のマインド」に感銘を受けることに。そして店主として味を作りオープンさせた「麺屋武蔵　武骨」は瞬く間に行列店に成長。その後、入社12年目にして社長に抜擢されることとなる。

麺屋武蔵が老舗でありながらブランド性を保ち続けているのも、矢都木氏がブランディングに気を配り続けるとともに、斬新なコラボレーションや新しい取り組みを続けているからだろう。

そんなラーメン界の異端児から「会社内で自己実現する方法」「マインドの伝え方」などを学ぶ。

1番だったから「麺屋武蔵」を選んだ

僕がラーメン屋で働くにあたって麺屋武蔵を選んだのは、**世間的に人気のある1番の行列店で働きたいと思ったから**です。テレビのランキングでも常に1位でしたし。もちろん味も好きでしたが、将来的につけ麺屋で独立したいと思っていたので、まずは1番になる方法を学ぼう、と。結果的には独立せず、麺屋武蔵の社長として働くという形になりましたが。

創業者の山田さん（親方）からはいろんなことを学びましたね。**「他のお店のラーメンは食べない」**なんていうのも親方の影響ですし。親方は**「かっこいいか、かっこ悪いか」で判断する**っていうところもすごく印象的で。親方は「他のお店のラーメンを食べるより、フレンチや和食などを食べた方が、よっぽど勉強になる」って。僕も同じようなことを公言していますが、さらに尖った感じで「他店のラーメンを食べても全く意味がない」なんて言っていましたね。創業当時からかなり斬新な商品や限定麺を打ち出していたのですが、そのアイデアはそういう姿勢から来ていたのだと思います。

＼金言／

クオリティが高いのは当たり前。お店に入ってから出るまでのストーリーを作り、「体験」を楽しんでもらうのが、一流の店。

ちなみに僕は、他のラーメン屋で働こうと思ったことはありません。それほど、親方の考え方に感銘を受けています。親方は、「お客様目線で商売する、お客様に喜んでいただく」という、当時のラーメン店が忘れがちなことに重きを置いていたように思います。ごくごく当たり前のことなんですが、90年代当時のラーメン屋って、どうしても「自分の思う味を作るんだ」みたいなところで競争していたと思うんですよね。

でも、**本来の商売としては「お客様にたくさん来てもらう」っていうことが一番大事**

じゃないですか。そして、そこできちんとお客様にフォーカスして「どうやったら喜んでもらえるのか」ということを考えていかないといけない。入社当初は僕も「おいしい商品を作れば売れる」と思い込んでいましたが、そうではなかった。

おいしいのはもう当たり前で、それ以外のところで差別化するのが大事なんです。

まだ町中華のようなラーメン店が主流だった時代に、店構えも店内のデザインも細部にこだわって、おしゃれな雰囲気にして。女性のお客様を意識して、紙エプロンやヘアゴムを置いてあるなど、お客様への心配りを形にしていました。そういったところも含めて、お客様に喜んでいただくラーメン店を作り上げていましたね。

麺屋武蔵では、〝1杯にして、1杯にあらず〟と言っているのですが、ラーメン1杯の味だけでなく、**暖簾をくぐってから店を後にするまでの「体験」をお客様に楽しんでもらう**、というのがコンセプトなんです。

さらにお客様に商品一つ一つのストーリー、つまり素材や作り方などを見せることによって、1杯のラーメンをより深く味わってもらえればと考えています。

店主を経て、社長に指名される

麺屋武蔵は青山で創業したのち、新宿に2店舗目を出店しました。さらに池袋に麺屋武蔵の名前を使わずに、「二天」というラーメン屋を出店したんです。その後、御徒町に「麺屋武蔵武骨」を出すにあたって、僕が店主に指名されました。場所はすでに決まっていて、「矢都木が店主をやれ」と。

その当時から、「麺屋武蔵」としてのブランドは保ちながら、お店ごとに個性を出すというスタイルでしたね。つまり、**店主になったら、ラーメンの味というのは基本的に自由に作れる**んです。もちろんこちらから相談を持ちかけて、アドバイスをもらうことはありましたけれど。

僕が「麺屋武蔵武骨」のコンセプトを決める際には、ガツンとした豚骨のスープで行こうと決めました。それまでの武蔵はすごく洗練されたあっさり味というイメージが強かったので、直感的に「逆にワイルドな豚骨スープを武蔵が手がけたら話題になるんじゃないか」と思いまして。自分の好みでもリサーチの結果でもなく、話題性を呼ぶだろうという直感です。これが見事に当たりまして、「麺屋武蔵武骨」は瞬く間に行列店に育ってくれました。その後、新宿総本店（現在の「創始 麺屋武蔵」）の店主を経て、その後2013年に社長に指名され、10店舗を引き継ぐことになりました。

＼金言／

一度任せると決めたら、その人のことを信頼して、全てを委ねる。それが「やる気」と「責任感」を生み出し、「信頼関係」につながる。

僕が社長に指名されたのは、当時の店主の中でも一番**「麺屋武蔵」というブランドに対する使命感を持っていたから**なのかな、と思います。誰に頼まれたわけでもなく、勝手に使命感を感じていただけなんですが。

思い返せば確かに、他のどの店主よりも創業者の方々と話す機会が多かったとは思います。自分からいろいろ相談しに行ったりしましたし、そういった意味で「麺屋武蔵」というブランドに対する理解が深かったのも大きかったと思います。

それぞれの店のあり方の自由さと麺屋武蔵としてのブランディングがちょうどいいバランスで保たれているのは、創業者からの伝統ですね。**味に関しては各店主に委ねることで、やる気と責任感を引き出して、それが信頼関係につながってゆく。**自分たちならではのいい文化だと思っています。

「独立」を考えた時に

そういう社風なので、麺屋武蔵の店主を経て独立し、自分の店を持った人はたくさんいます。とはいえ、僕は独立を推奨するというよりは、**「自分のやりたいことは独立しなけ**

ればできないのか、考えたほうがいい」ということを伝えています。**今いる会社の中でやりたいことが実現できるという場合も多い**と思うんですよね。

独立はゴールではなく、スタートなんです。つまり、**独立してからどうなりたいかのほうが重要**なんです。独立というのは自分のやりたいことに向けての一つの手段でしかない。

それが、組織の中で働いていると、独立するということがゴールになってしまう人も多いような気がします。

＼金言／

独立や転職を考えるなら、今いる組織の中でできることをやり切ってから。会社の中で可能な自己実現も、たくさんある。

だから、「独立したい」という相談があった時には、「独立してどうなりたいのか」を聞くようにしています。**会社にいる間は、今すでにある経営資源も存分に使える**わけです。

独立したら、資金にせよ機材にせよ、全て自分で確保しなければいけなくなってくる。

小さなお店で、自分一人しかいなくて、椅子一つ買うにせよお金がかかる、となれば、自ずとチャレンジできる幅も狭まってきてしまう。

もちろん、**独立しなければ叶わないような自己実現であれば挑戦するべき**だと思う。だけど、**会社の中で実現できることも多い**と思います。麺屋武蔵は店主の裁量が大きいので、大概のことは会社の中で叶えられるはずなんですよね。独立を考える前に、自分が組織の中でできることを全て実現しているか、自分のやりたいことは独立しないと叶えられないのか、を考えるべきだと思います。

矢都木流・人の動かし方

同年代の店主も多かったので、正直やっかみのようなものもあったと思います。「素直に言うことは聞きたくねぇな」というような。それは人間だし、当然のこと。一つ同意を得るだけでも、最初は苦心した覚えがあります。

＼金言／

自分に利益がなければ、人は動かない。人を説得する時には、どのようなメリットが相手にあるかを考えて、プレゼンすべし。

だから、決定事項を伝える時にも、**「これをこの通りにやれ」ではなく、それぞれの店に対してのメリットを伝える**ようにしましたね。**自分に利益がなかったら人はなかなか動かない**ので。それを、理由も説明せずに従えなんて言い方をしたら、年上でも年下でも、やりたくないじゃないですか。何かを伝えに行く時には、常に**相手にどのようなメリットがあるか、どのようにプレゼンするかを考えてから**行っていましたね。結論は変わらないとしても、その伝え方によって印象は変わってくる。**言い方次第で人間関係は良くすることができる**、というのを学ぶ、いい機会になったと思います。

トレンドには、常に敏感に反応する

いま、グルテンフリーの食品が流行っていますよね。それを受けて、麺屋武蔵でも米粉麺をやったことがあるんです。さらに、ミツカンが立ち上げたサステナブルな食のブランド、ZENBの黄えんどう豆の麺とコラボして、小麦アレルギーの方でも食べられる限定ラーメンを作ったこともあります。

これを通年商品とすることも考えたのですが、いくら麺を変えたとしても、オペレーション上小麦の麺と同じ鍋で茹でることになってしまい、アレルギー対応としてはNGになってしまうんです。限定麺であれば対応できるんですが、定番となるとなかなか難しくて断念しました。**オペレーションが煩雑になりすぎてしまうことは、やはり避けたい**ので。

このように、やってみてぶつかる課題は多々ありますが、それでもいろんなことにチャレンジするというのが会社の方針です。ビーガンや低カロリーの商品、低糖質の麺などもやったこともあります。食に関するトレンドは、常に追いかけていきたいと思っています。

＼金言／

トレンドや最新技術は、先取りして取り入れるべし。それがすぐに実を結ばなかったとしても、「学び」や「のちに役立つこと」が、たくさんある。

話題になっているトレンドを商品に取り入れたとしても、SNSで拡散はするものの、なかなか数字が出ないということが結構あるんですよ。ビーガンラーメンを作った際には本当にそれを痛感しましたね。SNS上では目にすることが多いけれど、店ではそんなに売れないから、商業ベースに乗せるのは難しいという商品もあります。

それでも、**時代を先取ってチャレンジすることが大事**だと思っています。**新しい取り組みから得るものは多いと思うし、のちのち時代が変わった際に役に立つこともある**んですよね。だから、売れなくても新しいことにはチャレンジし続けたいと思っています。

異業種から学ぶことは、たくさんある

食のトレンドに関しては、ラーメン以外の飲食の方だったり、食通の人たちと食事に行ったりしながら、常にチェックし続けるようにしています。そういったつながりの中で、コラボして新しい限定ラーメンを作ってみましょう、という話に進むこともありますし。

コラボメニューに関しては、話題性のある試みをしようと考えています。**魅力的な商品を作って、広告宣伝費を使わずにお客様に発信してもらう**というのも狙いの一つ。それによって、麺屋武蔵や商品の認知度を上げて、SNSやマスコミが取り上げてくれるようなものを作る。もちろん話題だけではなく、自信を持っておいしいものを作るというのが大前提にありますが。

同じラーメン業界の人たちと会うことはあまりないですね。とくに仲が悪いわけではないんですが、**なるべく他流試合というか、違う業界の人たちと交流する**ほうが自分は好きですね。**新しいアイデアは、違う分野にこそたくさん落ちている**と思っているので。

＼金言／

アイデアは、違う分野にこそたくさん眠っている。人脈を広げることで、広い視野をこころがけるべし。

さらに経営や人材教育に関しても、違う業種の人たちの話はすごく勉強になります。インバウンドは今後どうなりそうだ、というような経済的な話もしますし。そうやって**常にいろんな分野からの情報を、頭の引き出しに入れておく**ようにしているんです。

そうすることで、何気なくニュースを見ていても、「そういえば、あの人がこんなことを言っていたな」「この先はこうなるのか」と考えるようになるんです。

例えば今だったら、「まだしばらく円安が続きそうだ」「インバウンドもまだまだ増える」「今度あそこにホテルができる」という情報が入れば、「このエリアに出店して、外国人の方が好みそうな高単価のラーメンを展開しようかな」というアイデアや判断ができるわけです。

狭いラーメン店の中では、視野は広がらない

コラボレーションとは少し違いますが、最近、小学校の給食に麺屋武蔵のラーメンを出すという試みも行っています。麺屋武蔵で使っている鰹節屋さんが、学校給食を手がける会社にも鰹節をおろしていまして。それで、「一度子供たちに作ってみたい」と話をしたら、つなげてくれたんですよ。現場の栄養士さんが新しい試みに対して積極的な方だったので実現したんです。

とはいえ、実際に提供するまでになるには、本当に大変でした。給食となると、カロリーや塩分量など、さまざまな制限もあるんですよね。それを栄養士さんと相談して、その制限に合わせたメニューを考えました。いい経験でしたね。このような**制約の中でラーメンを作ることで、また腕が磨かれます**から。

また、具材となる野菜を育ててくれている契約農家さんの方へ視察に行ったりもしてい

ます。そうすると、**スタッフの経験値も上がりますし、素材の扱い方も変わってくることで、提供するラーメンの質も上がる**と思うんです。ラーメン屋って、毎日同じ仕事を同じ箱の中でずっとやっているので、**外を見る機会が減ってしまうんですよね。だから、外との接点を少しでも作って、店主たちの視野を広げる**ためにも、さまざまな試みを実施しています。

＼金言／

スタッフ教育や商品開発、ブランディングは、常に上を目指してやり続けることが重要。それをやめた時、会社の劣化が始まる。

視察をしたから、スタッフの中で何かが劇的に変わる、ということは少ないです。ただ、こういうことを**コツコツやり続けることによって、何かが変わっていく**はずなんですね。農作物だって、肥料を入れたらいきなりおいしくなる、なんてことはないですよね。何年もかけて土壌を改良していくことで、だんだんおいしくなる。**良くなることを信じて、地**

道にやり続けることが大事なんです。

それは**スタッフ教育にしても、お客様の満足度向上でも、ブランディングでも同じ**だと思っています。一度で終わらせずに、これでもかという風にずっとやり続けるのが重要です。そこには、ゴールなんてない。その取り組みをやめた時が、ブランドが終わる時であり、会社が劣化していく時なんだと思います。

麺屋武蔵の店主は「選挙」で選ぶ

麺屋武蔵の店舗は都内に14店。基本的には都内の中心部にしか出店しないという方針です。日本全国どこにでもあるチェーン店ではなく、地方の方が東京に来た際に「麺屋武蔵に行きたい」と思えるような店であり続けたいと思っています。それは、ブランドの価値を高めることにもなりますよね。**都内だけに限定することで、店の価値を最大化させる、という戦略**です。さらに、物件を探す上で東京に地の利があるという点も大きいですね。新店舗を出す際は、立地が決まってから、新しい店主を選びます。昔は、新店主が先に決まってから場所を探すという形をとる場合もあったのですが、失敗することも多かったため、現在はそのような形に落ち着いています。

麺屋武蔵では、選挙で店主を選ぶ形となっています。つまり、**僕が勝手に人事を決めることはできない**んです。

＼金言／

公平性・透明性の高い人事を行い、スタッフの納得を得ることで、より強いチームを作り上げる。

選挙の方式は、持ち点を候補者に振り分けて投票するという形です。在籍日数や役職によって持ち点が変わり、30点の人もいれば10点の人もいる。会社の規定に則って、社員はもちろん、アルバイトの人も点を持ってます。一人の候補に自分の持ち点全てを投票してもいいですし、自分の持ち点を最大3人まで好きなように振り分けてもいい。

このシステムは、僕が考えたものです。一人一票だと、不公平感も出てきますし。10年働いている人とバイトの人とでは、視点も違うと思いますから。**このような形をとることで、スタッフから見ても、公平で納得のできる人事を行うことができる**のです。

究極にシンプルな、麺屋武蔵の組織構成

麺屋武蔵の組織の形はすごくシンプルです。社長である僕、そして各店舗の店主とスタッフ。経理担当もいますが、会計事務所から出向で来てもらっている形となります。

飲食店って、少し大きくなったら組織構造にしがちですよね。エリアマネージャーを

作ったり、さまざまな役職を付けたり。でも、僕には**無理やり椅子を作っている**ようにしか思えないんです。しかも、そうすることで**不必要な役割意識ができてしまうし、お客様からもお金を産むところからも離れていく**。麺屋武蔵は現在14店舗ありますが、無駄な役職がない分、全部店主に還元しているんです。

＼金言／

組織はできるだけシンプルなほうがいい。不必要な役職は、なわばり意識を生む。

スタッフを採用する時に「ここだけは譲れない」というポイントというのはありません。結局のところ、一緒に働いてみないとわからないじゃないですか。だから基本、来るものは拒まず、という感じで、断ることはほとんどないですね。もちろん、フィーリングで「この人は麺屋武蔵には向いていないな」と思ったら、断ることはあります。

そこで**条件を一つだけ挙げるとすれば、「愛想のいい人」**ですね。もちろん、愛想があれば必ずいいのかというわけでもないんですが。問題児が入って来るということは、ある程度リスクとして捉えていくしかない。会社で100人いたら、その中の1人2人は問題児もいるだろう、ぐらいに構えないと。ただ、一緒に働いている人たちが迷惑を被《こうむ》るのであれば、なんとか解決したいとは思っています。

ちなみに、バイトの採用は基本的に店の店主が主導する形で行っています。社員に関しても、店主たちが相談して採用していて、本部には報告だけください、という形ですね。採用された場合、仕事の現場に立ってもらうからには、厳しめに指導していくことになります。ある種、家族のような関係性になるわけだから。麺屋武蔵としての考え方もありますし、**ダメなものはダメと粛々と言い続けていくしかない**かな、と思います。

＼金言／

部下の指導をする時は、行為のみを注意する。不必要な一言は、モラハラにつながる。

ただ、そこに小言のような言葉を付け加えるのは良くない、と思っています。「何度言ったらわかるんだ」と言うとか、他のスタッフの前で「味のセンスはあるのに、接客が良くない」と説教するとか、そういうことはしないようにしています。**直してほしい行為を注意することは必要ですが、その人自身を否定するのは良くない。不要な一言二言が、モラハラなどにもつながる**ことも多いと思うんです。

スタッフの中には、反抗的だったり尖っている人というのもいますよ。でも、ある事を境に変わることもありますし、結婚したりして自分の状況が変わっていく中で、真面目になったり、仕事にちゃんと取り組むようになっていく、という人も多いです。

麺屋武蔵流・ボーナスのつけ方

各店舗のスタッフ体系も、基本的には店主、社員、アルバイトの三段階です。副店主などの役職はあって、その階段を登っていけるような形にはしています。

その中で、お店をすごくきれいにしてくれるとか、いい味に仕上げてくれるとか、**何かしらピカイチな人**には、ボーナスを付けたりすることはあります。店主がスタッフに関して報告をする項目に、「ゲンキ・キレイ・イイアジ」という、うちの三大行動指針に関するものがあるんです。給料をつける時にそれを見てプラスするという感じですね。「ゲンキ・キレイ・イイアジ」について頑張ってるな、と店主が判断すれば、一つにつき5000円までは付けられるというシステムです。だから、3つ全部頑張れた社員には、1万5000円多く付く、ということになります。

＼金言／

評価はオープンにすることで、より公正なものとなる。

ですが、これは定額ではないんですね。今月頑張れたからといって、来月も必ず付くとは限らない、ということです。このチェックに関しては、他の店主たちにも公表されるんですよ。だから、あるスタッフにチェックが多く付いていることは**他の店主たちにもわか**

るような、オープンな仕組みにしているんですよね。だから、「どうしてあの人にこんな に付くの？」って、言われないように、**チェックを付ける側もちゃんと根拠があって付けるようになる**。それが狙いです。

月に一回の店主会議では、限定麺や施策、スタッフの異動などについて話し合います。麺屋武蔵は、異動は多いほうだと思います。飲食にとってスタッフはかなり大事な要素ですから、店主やスタッフの性格、向き不向きなども加味して、しっかり話し合うようにしています。

「インセンティブ」の必要性

社内のＳＮＳを使って、アイデアコンテストを企画したことがあります。アイデアを出した人には5000円、優秀なアイデアには賞金1万円、という風に決めて、ラフにアイデアを募ったのですが、結構な数の投稿がありましたね。

通常の業務とは違う、こういったアイデア出しのようなものに対しては、**少額でもいいからわかりやすくインセンティブを出すことが大切**なんです。そのことで、楽しみながらアイデアを考えることもできるし、「俺はたくさん出したのにあいつは出していない」なんて不満を持つこともなくなりますから。

＼金言／

通常と異なる業務には、少額でもインセンティブを。

そこから生まれたアイデアではないのですが、ロッテのチョコレートとのコラボはすごくインパクトが強かったですね。かなりの話題になりました。

もともと、ロッテの広報部の方に知り合いがいまして。「チョコラーメンなんてどうですか?」ってダメ元で持ちかけてみたら、ガーナチョコの担当の方を紹介してもらったんです。その方がたまたま麺屋武蔵が大好きな方で、一生懸命上層部を口説いて、実現できるようにしてくれたんです。このメニューは、今でもバレンタインデーの定番商品として定着しています。

社長の役割は、「仕組み」と「環境」作り

各店舗の商品に関しては、基本的にはあまり関わっていません。**僕の役割は、「仕組み」と「環境」を整えること。ラーメン作りに関しては、それぞれの店主に任せています。**

とにかくみんなが働きやすく、お互いを思いやることができて、自己成長につながるような環境を作る、ということを心がけています。5年、10年先を見据えながら、有望なスタッフを集めて、働く意欲の湧く会社にするにはどうすればいいか、ということを日々考

えています。それに加えて、新しいアイデアを探したり、どうやって商品化するかを考えたりするという仕事もありますが。

＼金言／

働きやすく、やる気の起きる環境を作れば、おのずと組織の士気は向上してゆく。

例えるならば、**すごくやる気にさせてくれるスポーツジム、というようなイメージ**です。すごくいい機械を使えて、最新のトレーニングができる。そして、何かあったら助けてもらえる。そうみんなが思えるような場所が、僕の理想の職場ですね。

具体的に言うと、新しい店舗の物件探しや既存店のリニューアルですね。これを新しい機器に変えたらもっと効率良くなるんじゃないか、もっとおいしく作れるんじゃないか、というようなことを見つけて、店主と話し合ったり。毎日いる現場では、なかなか気づかないことも多いですから。機器を入れることって、現場レベルでは意外と思いつかなかったりするんですよね。今までそれでやってきているので、現場のスタッフは、抜本的に厨房を変えるのは難しい。何百万の工事にもなるので、なかなかお店の側からは言い出しづらいというのもあると思います。

さらに、価格設定ですね。基本的に価格はそれぞれの店主に任せています。ただ、あまり安い値段で売るようなことはしたくないので、多少客数を落としてもいいから、値段をしっかり取れるようにしなさい、ということを言い続けています。客単価はこれぐらいにしたい、ブランドとしてこうありたい、と。こういうことは、**こちらがデザインしなきゃいけないこと**だと思うので、そのイメージを伝えるのも大事なことです。こういったブ**ランドデザインに関しては、自分で店を運営しながら実感しないと、なかなかわからないこ**となんです。

ラーメン屋の地位向上

店主から相談を受けることも多いですね。スタッフ教育や集客に関する相談には具体的なアドバイスをしますし、コストに関しては、本部でまとめて取引することで、いい素材をリーズナブルな価格で用意することもあります。

例えば昨今、昆布の単価がものすごく高くなっているんです。そこで知り合いづてに業者さんや生産者さんを紹介してもらって、直取引をしたりしています。そういったことは単独の店舗では難しいから、本部でまとめて交渉する必要がある。そうすることで、各店舗はいい食材が使えて嬉しいし、麺屋武蔵全体としても、味の底上げになるんです。

そうやって**商品開発を頑張ってくれる若い人を支援したい**、と僕は常に考えています。精一杯働いて、給料もたくさん欲しい。キャリアアップしたいし、将来は独立したい、って思ってる子たちが前向きに働けるような環境作りを目指していますね。

＼金言／

プライドを持って働ける職場になれば、おのずと仕事の質も上がってくる。

この経営スタイルがラーメン屋さん以外でも通用するのか、ひいては飲食以外でも通用するのかとかっていうのは、興味があることではあります。社長業として、他の分野で自分が通用するのか、いつかチャレンジしてみたいと思っています。

フランス料理人からラーメン屋になって成功する人って、結構いるんですよね。ですが、ラーメン屋から他業種に行って成功した例はあまり聞かなんです。だから、ラーメン屋発で、違う分野でも通用してみたいんです。「ラーメン業界すげえな！」って言われたいというか。

あとは、「麺屋武蔵」で働いているということに、プライドを持ってほしい。さらに、**ラーメン屋という職種をリスペクトされるものにしたい**、という思いもあります。それこそフランスなどでは、料理人ってすごく地位が高いんですよ。それが日本だと特にラーメン屋は低く見られているところがあるんじゃないかな。**プライドを持って働くことができれば、自分の仕事に責任を持つことにもつながるし、作り出すものの質も上がってくる**と思うんです。

ある程度社会の仕組みがわかってきた年頃の子が、胸を張って「僕のお父さんの仕事は、ラーメン屋さんです！」って言えるような仕事にしたいな、というのが僕の目標です。

ラーメンの限界突破

これまでは地位が低かったラーメンですが、日本料理で有名な料亭がラーメン屋を始めたりしているんです。そしてうちでも今度、プリンスホテルと一緒にコラボしてラーメンのコースを出すことになりまして。

これまで単価を一番高く設定したラーメンは、800グラムのチャーシューを乗せた「MEGAローストポークつけ麺」3850円ですね。

麺屋武蔵20周年の時には、「ラーメンの限界突破」という触れ込みの限定麺で「金乃武蔵」という2000円のラーメンを出していたこともあります。各店舗の店主たちが原価を気にせず、自分たちの作りたいラーメンを作る。3万円ぐらいする金のどんぶりを買って、それに盛り付けるというのがルールで。これに関しては本当に原価を考えずに作ったので、売れた分だけ赤字でしたが、**ファンに対する感謝と研究開発を兼ねて**、割り切ってやっていました。

＼金言／

時には利益を度外視して、最上のものを目指すことも必要。そのことが、普段作るものの質の向上にもつながる。

例えば、F1レースを例にとってみると、自動車メーカーは赤字なんです。でも、**それをやることによって、将来的に役に立つ技術開発にもつながっていく**じゃないですか。ラーメン屋ってある意味、軽自動車を毎日作ってるようなものなんです。原価、つまり素材に限界があるから、ある程度まで行くとなかなかブレイクスルーが難しい。だからこそ、F1のように限界突破の企画を考えて、こんな素材でスープをとると、ここまでおいしくなるんだ、というのをそれぞれの店舗で試してもらったんですね。**そういった取り組みが、普段のラーメンをおいしくすることにもつながる**かな、と思います。新しい刺激がないと、やっぱり**限界突破**しないものですから。

ファン作り

お客様にとって店内全般、入ってから出ていくまでの満足度を上げるためにいろんな取り組みを行っています。券売機の導入もかなり早かったですね。お金を触りたくない、と衛生面で気にされるお客様も多いので。お客様が喜んでくれるだろうな、ということを一つ一つ叶えるようにしています。

＼金言／

お客様の声を拾いあげて、一つずつ叶えてゆく。ファンの層を厚くして、ブランディングにつなげる。

他にも、予約ができたりポイントが貯まるようなアプリも導入しようかと現在検討しています。ポイントが貯まると割引になる、というものではなくて、そのポイントでスペシャルラーメンが食べられるようにしたい、と考えています。さらにアプリで予約ができるようにしたり、アンケートの投稿もできるようにして、お客様側の利便性をできるだけ上げられる取り組みを考えています。

麺屋武蔵の**ファン層を厚くするためには、お客様の立場になって、どういうことをすれば喜んでもらえるか、ということを一つでも多く行う**ことに尽きると思います。例えば100人ファンがいたとして、一つの施策が100人に刺さるわけじゃない。けれど、そのうちの10人には刺さるとしたら、施策を10個ぐらいやれば、ほとんどの人に刺さる施策を打つことができるかもしれない、というイメージですね。

社員との付き合い

社員とは、常にフラットな関係でいよう、と心がけています。逆にいうと、そこまで仲良くなることはないですね。もちろん、仕事に関する相談であれば、いつでも歓迎しますけれど。

上下の関係ではなく、**純粋に仕事として「お客様に喜んでもらう」という同じゴールを目指している仲間**、ということなんです。お互いどんなゴールを目指しているかを擦り合わせる必要はあると思いますが、そのために歩調を合わせる必要があるか、というとまた別なんですよね。

＼金言／

質の高いものを作っても、総合的に満足してもらえなければ意味がない。

確かに味はそれぞれの店主にお任せしていますが、お客様が喜んでいるかいないかは、数字を見ればある程度わかります。通信簿みたいなものです。みんな頑張っているのはわかります。その中で**数字が出ないということは、そのやり方を見直さなければいけない。**

味はおいしいけれども、なかなか数字に反映されなかった、という場合もあるんです。
例えば、「うまい」って言葉がありますよね。お客様が何気なく発するその言葉の中には、いろんな意味が込められているんですよ。味がいいのか、雰囲気だとか、相性なのか。そういうことを総合的に見て、お客様は判断する。

だから、**おいしかった「けど」って言われたらダメ**なんです。それなら、**おいしくなかった「けど」**のほうがまだいい。おいしかったけど、って言われたら、そのお客様は多分もう来ないので。**おいしいのは当たり前。その上でお客様に総合的に満足してもらうこと**を、麺屋武蔵は目指しています。

「念ずれば花開く」

僕の座右の銘は、**「念ずれば花開く」**です。

一言で失敗と言っても、それは失敗で終わらせるか終わらせないかだけの違いだと思うんです。**トライし続けたら、それも成功になるし。本当に思いが強ければ、いつか叶う。それを諦めた瞬間に、失敗になる。**

プロ野球選手になりたいとして、結局なれないなって諦めて、違う仕事に就くわけじゃないですか。ただ、子供に教える野球のコーチでも、それで飯を食ってたらプロですよ。別にNPBだけがプロ野球選手じゃない。台湾とかベトナムに行ったら、プロ野球選手になれたかもしれない。いくら才能がなくても、本当に野球が好きならそういう道もあると思うんです。諦めてしまう自分がいるからそこで終わるわけで。諦めず、模索して道を探せば失敗はないと思っています。

人生思い通りになると思ってるんですけど、捉え方次第なんですよね。物事の捉え方って一つじゃない。「プロ野球じゃなきゃ野球じゃない」って頑なに思い込むことは、自らの選択肢を狭めているように思います。**自分の好きなことで、向いている形でやるのが一番うまくいく**はずです。

＼金言／

他人は変えることはできない。でも、自分自身の行動や考え方は変えられる。

頑固なこだわりがある人は、何かでつまずいたことをきっかけに、うまくいかなくなっちゃうっていうケースがあると思います。プロ野球でも、才能があるのに怪我《けが》がきっかけでつまずいてしまった人っていますよね。そんな時、その責任を人になすりつけてしまったりすることもあるかもしれませんが、苦しみは消えません。

他人を変えることはできないんです。でも、**自分自身の行動や考え方は変えられる。**

そんな考え方をすることで、仕事に限らず、人生もいい形で進んでいくような気がするんです。

「自責の念」を持つ

うちのスタッフには、人として自立してほしいと思います。自立してる人間とはどういう状態のことかを僕の定義で言えば、**「人や環境のせいにしない」「他人に迷惑をかけない」「嘘をつかない」**この3つなんですよね。これを守っていれば、どんなコミュニティでもうまくいくと思うんです。簡単なことなんですよね。

どんな理不尽なことでも、自分に原因があると思えれば、自分で対応できる。それは自分ごとにするということでもあります。それを人のせいにすると、どうにも消化することができない。無駄に怒りばかりが募って、ストレスが溜《た》まっていくんです。

もし電車が遅れて遅刻しても、自分のせいだと思えば解決の方法があります。出発の前に電車の情報を見ておけば遅延情報がわかったし、それであればすこし早く出ることができたな、とか。そう思えれば怒りも収まります。それを、電車会社に責任があると思うと、その怒りは一生収まらないですよ。自責の念を持つというのは本当に大事なことだと思うんですよね。

また、**僕は人のことを「嫌いだ、イヤだな」と思う「負の感情」は持たない**ようにしています。自分がそう思ったら、相手も嫌だなと思うはずなので。逆に、こちらが**相手のいいところを見つけて好きになれば、相手も好意を持ってくれる**はずです。

＼金言／

「自責の念」を持ち、「負の感情」を捨てることで、無駄なストレスもなくなり、人間関係が円滑になる。

憎しみの感情って、不幸じゃないですか。人のことを嫌いになるということは、相手から嫌われようとしているのと同じだから。**嫌われることはコントロールできないけれど、自分の感情はコントロールできる。**いくら苦手な人でも嫌いにならなければ、うまく距離を保てる。必要以上に踏み込んでしまうことで、お互いに憎しみの感情が生まれてしまうんです。

「誰かのマイナスが誰かのプラスになる」ということは、よく店主に伝えていますね。**Aくんのマイナスは Bくんのプラスだし、Cくんのマイナスが Dくんのプラス**のことだったりする。この関係をパズルのように当てはめるようにすればいいんじゃないか、っていう。それがうまく合致して、一つのチームとして機能すればいいじゃないかという。だから、**一人が全方位を目指さなくてもいい**と思うんですよね。

会社の中で、独立意識を持つ

組織作りとして、スタッフの頑張りを給料に反映していく、というのも大事です。ただ、今年も上がったから、来年も上がるだろうと思われていたら、僕の組織作りとしては失敗なんです。売り上げも利益も上がっていないのに、「なぜ今年は給料が上がらないんですか」って言われたら、失敗ですよ。

つまり、**店主には「麺屋武蔵というハコとブランドを借りて、自分で独立して営業している」という意識で働いてほしい**んです。**常に経営者感覚でいてほしい**。その感覚を、店主はもちろん、スタッフも持っていたら最強ですよね。

給料決定の仕組みについては、立地や席数などを総合的に鑑みて判断します。基本給がまずあって、期末決算が良ければ期末賞与も出す。で、賞与が出たうちの半分から4割ぐらいを、次の年の昇給に振り分けてしまいます。会社として残したい利益から溢れた分が期末賞与や昇給になるわけです。

＼金言／

会社にいながらにして「独立意識」を持つ。「経営者感覚」を養って、一段上の「サラリーマン」になる。

僕は「麺屋武蔵」という組織を、ラーメンを作りながら創意工夫が学べる経営学校のような環境にしたいんです。そこで、**人に働かされるのではなくて、自ら進んで動けるような人材を育てたい**、と思っています。麺屋武蔵で3年働いたなら、どんな会社に行っても通用する、という人ばかりが育ってくれたら嬉しいですね。

その中で、**自分はあくまでブランドと仕事環境の管理をするポジション**だと思っています。そういった意味で、自分が一番偉いとも思っていませんし**上下関係もなるべく意識しないように**していきます。**単純に役回りが違うだけで、人として偉いわけじゃない**。自己成長を目指す前向きな人たちに向けて、より良い環境にしていく仕事をしているだけなので。だから、**「人を育てる」というよりも、「育つ環境を作る」**と言ったほうが正しいかもしれないですね。誰かに言われて育つのは学校まで。もう社会人なんだから自分で育つ。自ら考えて動けるような、そういう環境を作ろうとしています。

お店のコミュニケーションを図るための決まりとして、年に4回はお店を8時に閉めて飲み会をしてもいいよ、というのがあります。その時のお金は会社が出します。一方、会社全体の集まりっていうのはないんですよ。やってみたいとは思いますが、みんな休みたくないし、お客様に迷惑かけたくないという思いがありますから。運動会や社員旅行って、行きたくない人もいるじゃないですか。みんながレクリエーションに積極的に参加するような、すごく仲の良い会社っていうのもあると思うし、それはそれで強いと思いますよ。けれど、それだと考え方が一種類になるんじゃないかな、と思うんです。組織統一の方法としては、宗教に近いんじゃないかな、と思うんですよ。一人のカリスマについていく、みたいな。

大声で挨拶する飲食店や会社ってありますよね。それも洗脳の第一歩なんじゃないか、なんて思ったりもします。朝礼で大きな声で挨拶して、自分の目標を言っていく、みたいなのは自己啓発のようなものを感じてしまいます。宗教のように、洗脳されてやるような感じは嫌なんです。

それよりも、「麺屋武蔵」には、いろんなマシーンがあって、自分の好きなように使うことができるというイメージです。サッカーでもマラソンでもスポーツは問わないから、自分の好きな選手になりなよ、それに必要なマシーンは揃えるから、という気持ちです。

「事業の拡大」は、マストではない

麺屋武蔵として、事業の拡大を目的に考えたことはありません。株主、従業員、スタッフ、お客様、取引業者さん、この人たちがみんな幸せだったらいいと思っています。株が上場していると、「事業が拡大しないと株主が喜ばない」ということもあると思いますが、うちの場合は、創業者と僕で株を持っています。いろいろな考え方があると思いますが、株主である創業者も僕の理念に納得してくれています。

もし**店舗拡大をすることがあったとしても、それはあくまでもハッピーになるための手段であって、目的ではない**と思うんですよね。もちろん売り上げの数字は気にしていますが、現状では1店舗で1000万程度の売上目標を持っています。去年より今年、今年より来年と、少しずつ成長できればいいかな、と考えています。**事業拡大は、給料を上げて**

いく上では大事なことだとは思いますが、マストではない。

数字が落ちてきた時には店主と相談して、どうやって回復すればいいか、一緒に考えます。街はどんどん変わっていきますし、隣にラーメン屋さんができれば一時的に売り上げは落ちることもあると思います。逆に近隣の飲食店が閉めれば、こちらが混み出したりもしますしね。状況に合わせて柔軟に対応していくことです。

＼金言／

「事業の拡大」は手段であって、目的ではない。

現在、麺屋武蔵は都内にしか出店していません。この方針も、これからどうなっていくかはまだわかりませんが、例えば「俺、名古屋で『麺屋武蔵』をやりたいです！」という人がいれば、話は別かもしれないですね。

変わること、変わらないこと

麺屋武蔵の考え方やシステムは、基本的に先代の考えたものをそのまま採用しています。
他にも、値引きやクーポンはやらないとか、ラーメンショーには出ないことなども、先代の考え方を引き継いでいます。

＼金言／

会社の根本的な考え方を守りながら、時代に合わせて変えるべきところは変えてゆく。そのことが、経営基盤を強固なものにする。

ですが、自分は思い立ったらすぐにやりたいタイプなので、さまざまなコラボレーションを積極的にやるようになりました。それで失敗したということはありませんが、その勢いについて来てくれたスタッフたちは大変だっただろうな、という思いもあります。様々な案件をこなしつつイベントに出たりと、多岐にわたる施策をこなしていたので。ただ、あまりにやりすぎると店舗のほうが疎かになってしまう恐れがあるので、その辺のバランスは取るようにしています。

武蔵らしさを守るためにも、**「変わらないために変わり続ける」**ことが大事だと考えています。**先代の考えを守りつつ、新しいことに挑戦し続けて今がある**と思っていますので、守るべきところと変革すべきところをしっかりと見極めながら、今後も色々なことにチャレンジし続けたいと思います。

店舗の「進出」と「撤退」

新店舗を開店する時は、「この辺で出したいな」という街を5、6か所に絞り、その街から物件情報が出てきた時に内見して、設備的に問題がなければ契約します。ただ、**現地に行ってみてのフィーリングが一番の決め手**かもしれません。

売り上げが上がらないと、最悪の場合、店舗撤退という形をとることになります。これまで浅草と田町の2店舗は撤退しました。今振り返ると、単純に場所が悪かったな、と思います。お客様が入ってくれなければ、暇な店にスタッフを置いておくのはもったいないですからね。

店を撤退するタイミングは、本当に難しいものです。ダメだと思った場所でも跳ねる場合もあるし、最初は調子が良くても、どんどん落ち込んでいく場合もあるものです。経営には様々な状況が複雑に混じり合い、結果となりますから、詳細な分析も必要です。

そういった意味で**経営判断はどうしてもケースバイケース**になりますね。コロナのような状況の場合は、スパッと行くほうがいい場合もあるかもしれないし。会社の調子が順調ならじっくり育てたほうがいい場合もあるだろうし。**その時々の状況を見ながら最善を尽くす**、ということです。

そこに店があることがブランディングにつながるから続けるという場合もあるでしょうし、**何か改善策があれば、それを試す**というのも手です。ただ特に理由もなく、何の手も打たずにダラダラと続けるようであれば、撤退の道を選ぶしかない、と思います。

＼金言／

「撤退」か「存続」か、迷った時。メリットや改善策があれば、存続するのもいい。惰性で続けているのであれば、撤退するしかない。

将棋を打つのと一緒ですね。基本的には、与えられた状況をしっかり把握して、最善の一手と思われることをしていくということです。もちろん、攻め方や、守りのスタイルは多種多様なスタイルがあっていいとは思っています。

ブランド力は「他業種」から学ぶ

ブランディングで参考にしているのが、「スターバックス」ですね。あれだけ店舗数が増えると、希少性が下がってブランド価値も落ちていくと思うんですけれど、**ブランド価値を損ねずに店舗数を確保**できている。さらに、かっこいい店の象徴になっているじゃないですか。だから、働きたいという人がたくさんいるわけです。**ブランドの魅力によって、人材に困らない状況を作っている**というのは、最強ですね。飲食であれだけの店舗数でブランド力を保っているのは、スターバックスが唯一だと思います。基本的にバイトに入ってくる人はファンだった人だから、スターバックスに対してリスペクトがあるし、かっこいい空間を保ちたいと考えている。麺屋武蔵も、そういう存在でありたいですね。

余談ですが、スターバックスが日本で店舗展開したいという時に、いろんな飲食店が手を挙げたんですが、スターバックスが委託をしたのが、サザビーリーグなんですね。**主に**

ファッションを手掛けていた会社が選ばれたんです。つまり、**スターバックスは、ブランドとは何なのかを熟知していた。**思えば麺屋武蔵の創業者もアパレル出身なので、ブランドのことをよく理解していたのだと思います。ただ、飲食で、ましてやラーメン屋でそういう考えで動いていたところは、90年代にはまずなかったんじゃないかと思います。

仲良くさせていただいている会社の中で特にベンチマークにしてるのは、「獺祭《だっさい》」を作ってる旭酒造。日本酒の世界において、ブランドと呼べるような存在は意外になかったと思うのですが、獺祭はブランドとして確立している。それでいて、しっかり販路の拡大もされている。そのバランス含め、ブランドに対する考え方というのが、すごく勉強になるし、共感できるので、常に注目しています。

＼金言／

ブランド力のある「魅力的な企業」にこそ、やる気のある「魅力的な人材」は集まる。それが、ブランドをさらに強固なものにする。

さらに、企業体のあり方で参考にしているのは、伊那食品工業です。長野県伊那市に本社を置く寒天メーカーなんですが、実はここは日本一のホワイト企業と言われています。ちょっと変わった会社なんですが、経営理念にはすごく共感していて。社中の幸せを追求するという理念を掲げていて、市場原理主義とはまた違うんですね。**会社という組織体を一つの家族と捉えた時に、どういう風にあるべきかという事をすごく考えている**企業だと思います。麺屋武蔵の組織作りにも、大変勉強させてもらっています。

「マインド」を共有するということ

はじめのほうで、「勝手な使命感」ということを言いましたが、**どれだけ会社やブランドに対して使命感を持って行動できるか**、というのも、僕にとって重要なことです。そういう人が、組織の中では成長していくんだと思うんです。だから、みんなが**おのずとそのマインドを感じ取ることのできる組織や仕組み**を、僕がもっと作っていけなければいけないと思っています。

それでも、まだまだスタッフと共有できていないマインドもあるはずなので、日々どうやったら理解してもらえるのかを考えます。ただ、それを能動的に自分で気づいてもらう、という形が理想ですね。おそらく、**自分で気づいたほうが納得度が高い**んですよ。

例えば商品の値段を上げることにしても、**説明されて理解するより、その必要性に自ら気づくほうが、自分にとってリアリティがある**と思うんです。現場としては、値段を上げるとお客様が来なくなるかもしれないという恐怖もあると思うんですが、値段を上げていかなければこれからやっていけない事情というのは、経営側からすると明確にわかる。しかしながら、現場の店主からすると、少なからず及び腰になってしまうものですから。

スタッフ不足というのも、店主の悩みとして常にあると思います。だから店主は、シフトを埋めるために自分の店にスタッフを抱えたがります。ただ、人手不足の時には、いくつもある麺屋武蔵の店舗のスタッフを行き来させたほうが効率的だし、店舗間のコミュニケーションにもなって、会社全体としても良くなるはずなんです。現場の店主の立場に立ってみると、値上げやスタッフの行き来に対して抵抗感があるのも理解できますが。

それであれば、こちらが考える条件を実行してもらうことで店主にインセンティブが付く、などの施策を打つなど、対応を工夫します。そんな仕組みを作ることで、「それならやってみようかな」という気になってくれるかもしれないですし。でも、**その必然性に気づいて実行してもらうのが一番**なんですけれどね。

＼金言／

「勝手な使命感」を持って自ら行動できる人が、組織の中では成長していく。

各店の売り上げデータを社員全員が見れるようになっているのも、スタッフ自らが考えてほしい、という理由からです。「売り上げ日報」という社内版ＳＮＳのようなものがあって、そこで毎日各店舗が売り上げの報告をするので、他店舗の売れ行きがわかるようになっています。そしてその**開示した売り上げがそのまま期末賞与につながる**ようになっています。だから、そのデータを見れば賞与のおおよその金額もその理由も、自動的にわかるようになっているわけです。**情報を開示することによって全員が売り上げに対する意識を持つようになるし、スタッフのやる気にもつながる**んじゃないか、と思っています。

こういった仕組みも全て、社員に自分の考えを理解してもらうためには、どのように工夫すれば良いかを考えた結果なんです。

後継者を選ぶ時

当然ですが、僕が入社した際、社長になると思ってはいなかったので、今の立場はすごく不思議です。しばらく働いていくうちに、社長になるかもしれないな、と感じるようにはなり、意識しながら働いていました。

いつからか**創業者の二人から、「お前が次の社長だな」みたいなことを冗談まじりに言われ続けるようになり**ました。その前後から勝手な使命感は持つようになっていましたね。他の店主よりもどこが信頼されたポイントなのかなと理由を考えると、**僕が「勝手な使命感」を持っていることが大きかったん**じゃないかとは思います。

僕のやり方は、他の人からしたらワンマンに見えるかもしれません。やると決めた時には、一気にやりますから。コロナの時などは緊急だったこともあり、「お持ち帰りや通販でもつけ麺を売る」と決めたら、議論の余地なしにやるしかないと思い、すごいスピード感で進めましたね。

このマインドは親方から受け継いだもので、ほとんど同じ感覚ではないかと思っています。**先代のマインドを大切しながら強化していく**イメージ。だから正直、矢都木流の考えは、あまりないかもしれません。ただ、そのマインドをスタッフに伝える時の方法に僕らしさはあるかもしれない、とは思っています。

もし、**自分の後継者が現れるとすれば、やはり店主の中から**だと思います。僕もそうでしたから。ある日突然、というわけではなく、店主たちの中から「次期社長候補」というような形で出てくるのではないかと考えています。そしてその**後継者は、「麺屋武蔵のマインド」を理解して、形にできる人**だと思います。

＼金言／

社長を目指すなら、「会社のマインド」を理解して、それを形にする。

ちなみに創業者である親方は、60歳過ぎの頃に僕に社長を譲られました。創業者と自分は、師匠と弟子のような関係。今でもアドバイスや苦言をいただいたりしている、ありがたい存在ですね。

「麺屋武蔵」に対する思い

基本的に現場にいると、自分が任されているお店のことを第一に考えなければいけない。店主としてはどうしても、自分の店のことを優先して考えてしまうと思います。これは当たり前のことなんです。

ですが、人材不足だったり、味の質が保てなかったりして、困っている他の系列店があるからと、自分の店から人を向かわせるとなると、自分たちが辛くなってしまう。ただそこで、**自分の店を犠牲にしてでも、どれだけ全体のことを考えてやれるか**、というのが重要だと思うんです。

そこにこそ、ブランドに対する思いがあります。**自分たちがいくらおいしいものを作っても、他の店がまずかったら、麺屋武蔵としてダメ**だということを、理解しているか。自分たちが100点の味ができていても、他の店が50点であれば、それはブランド全体としてはうまくいかない。平均点を80点にしてでも、バランスを保持していくことが、ブランドの構築という意味では考えていかなければならない課題かもしれません。

サラリーマンの世界でも、自分のチームを良くするのは当たり前ですよね。でも他のチームが困っていても放っておくのか、という話です。**お客様にとっては、同じ会社であり、同じブランド**ですから。組織全体を良くするために、時には自分の部署のエースを差し出す。それ程の**ブランド全体に対する使命感を持って動くことができてこそ、そのブランドは輝いていく。**その違いというものを鋭いお客様は感じていると思います。そういう**自己犠牲を払える人が、会社のトップに立つべき**なのだと思います。

武蔵はそれぞれの店舗で打ち出す味が違います。それは、ブランド作りに味の共通項はいらないという考えがあるからです。お客様がお店を出た後に、「ああ、麺屋武蔵はやっぱりいいな」と思ってもらえれば幸せです。

例えば、他の国のディズニーランドに行ったとしても、スペースマウンテンがないからディズニーランドじゃない、とはならないですよね。同じアトラクションがなくてもいいんです。**空気感や世界観がそのブランド内で共通していれば、商品は違っても成り立つと思うんです。それが「一杯にして一杯にあらず」という言葉の真髄**です。ラーメンを通じて、いかに麺屋武蔵の世界観を体験してもらうか、ということですね。

＼金言／

組織全体のことを考え、自己犠牲を払える人だけが、トップに立つことができる。

このスタイルを、僕らは25年近くやっているので。これからは老舗としてどっしり構えて、武蔵のブランドを守っていくのが大事だと思っています。ただ、別業態で名前も変えて、何か別の飲食もやってみたいとは考えています。常にアイデアはたくさんあるので、機会を見て展開していきたいですね。そこはタイミングとご縁もあるので、その時に向けて、あらゆる刀を用意しておこうかな、とは思っています。

僕は仕事をしていることが喜びですし、「麺屋武蔵」のことが大好きですね。

COLUMN

「麺屋武蔵」の個性豊かな味を支える、矢都木社長の柔らかな人柄

いわゆるラーメン店の店主といえば、黒Tシャツに頭にタオル、腕組み姿が思い浮かぶ、ちょっといかついイメージ。それとは対極的な、柔らかな雰囲気を持つ矢都木社長。優に180cmを超す身の丈にも関わらず、威圧感をまったく感じさせない姿で、相手の話にしっかりと耳を傾け、芯の通った言葉で返してくれる。その「聞く姿勢」が、各店主の個性を活かしながら、しっかりと「麺屋武蔵」のブランドを保ち続けている所以の一つかもしれない。

矢都木社長の座右の銘は「念ずれば花開く」。諦めずに続けることで、必ず何かを得ることができる。形は変わろうとも、自分の好きなことで生きていくことができる。独立を夢見て麺屋武蔵に入り、会社という器の中で自己実現を果たした、矢都木社長のお人柄を表現する言葉。

矢都木 二郎（やとぎ じろう）

株式会社麺屋武蔵
代表取締役社長

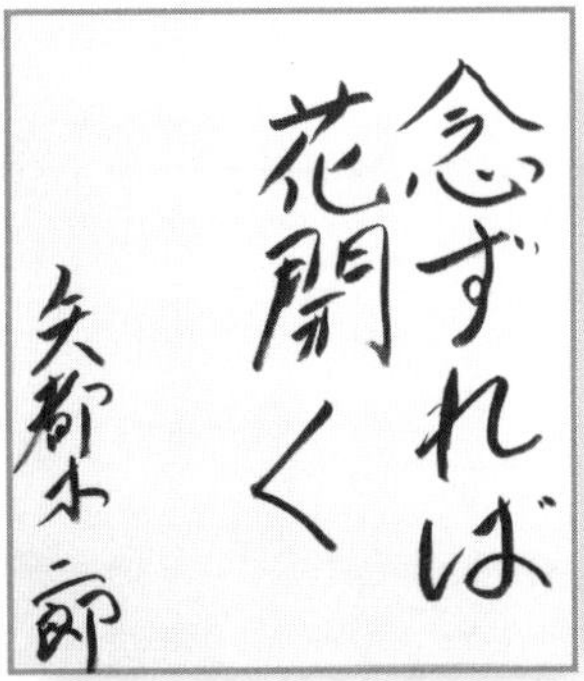

1976年 埼玉県に生まれる
1998年 城西大学経済学部卒業
　　　 一般企業に就職
2001年 麺屋武蔵入社
2003年 麺屋武蔵武骨 店主
2004年 麺屋武蔵新宿総本店 店主
2013年 麺屋武蔵 代表取締役社長

趣味：　マラソン（自己ベスト3時間2分57秒）

鼎　談

矢都木 二郎×村本 泰恵×川端 克宜

三社長の会議室

メーカー、データ分析、そして飲食と、業種も分野も違う三社長の鼎談。人生のターニングポイントや人の心を掴む方法、時代の流れに伴うニーズの変化や今後求められる働き方、さらに「会社の中で自己実現を果たす」ための秘訣など、豊かに生きるサラリーマンの秘術を訊いた。

社長となる人間が持つ「判断力」

——社長という立場は、常に決断を求められる機会も多いことと思います。例えば、売れない商品をどうするか、新商品をどのような戦略でマーケットにアプローチしていくのかなどですが、普段どのようにジャッジをされているのでしょうか？

矢都木：商売でいうと、競争に勝ち抜き、ブランドを維持しながら業界で生き残るということは、大変な努力を要するものです。中でも飲食業界は、圧倒的に競合がひしめき合うジャンルですので、新陳代謝のサイクルも早く、10年営業継続できるブランド自体がごく少数に限られてしまいます。その中で、麺屋武蔵が29年間ブランドを維持し続けられた理由は、**ぶれない独自のビジネス哲学を徹底的に守り抜いたから**だと思います。もちろん、時代に合わせた多岐にわたる企業とのコラボ新商品の発売など、**攻めの商品開発も積極的に行っていますが**、店名の由来でもある、**宮本武蔵の「先例なしの亜流なし」という概念**を基本に、嘘やごまかしのない仕事、お客様にも取引先様にも、後ろめたいようなことは一切しないという姿勢を基準に判断しています。

川端：アース製薬の例で言うと、新商品を出す時もそうですね。売れる、儲かる、流行ると思って出す。販売店さんの期待値もそうですけれど。こういうマーケットが存在していて、こういうニーズがあって、それを解決する商品がこれですと。で、これが売り上げ想定になります、というように、シミュレーションをしてから出す。でも、必ずその通りにはならない。バッターのように3割打つどころか、当たってるのはメーカーの場合は1割ぐらいですね。ヒット商品を作ると言うのは、それだけ難しい。**思うように売れなかった理由は、ターゲットのミスなのか、商品が良くなかったのか、という検証が大事**なんです。

メーカーの場合、在庫を抱えるというのは大きなリスクです。その場合に、得意先に大幅にディスカウントして売り切ってもらうのか、それとも廃棄したほうがいいのか、というジャッジをする必要がある。営業や販売管理のほうでどうするかを考えてもらっても、結論が出ないこともあるんです。**「たられば」を言っても仕方がないし、いつまでも赤字を垂れ流すのも良くない。**そうなると、**僕の責任でジャッジを行う。そして、現場はこの失敗からしっかり学んでもらう**、ということです。

有望だからこそ、いろんな部署を経験させてもらえた

――村本社長は、薬剤師からスタートして、バイヤー、マーケティング、営業と、様々な職種を経験していらっしゃいますね。

村本：店舗での接客からスタートしているのが私の強みですね。いろんなニーズのお客様がいらっしゃるのがドラッグストア。お客様目線を持ちながら、**いろんな部署で多面的に働いてきたのが、非常に良い経験になっている**と思います。

自分から「この部署で働きたい」と言ったことは、これまで一度もありません。いつも突然、「バイヤーをやってもらうから」「東京地区の営業部長になってもらうから」と言われるんです。取締役になった時も、「取締役会議があるから出て」って。「え、私が取締役になるの？」って。いつも、サプライズばかりでしたね。でも私は、自己肯定感が高く、そしてまた私なりの考えをもって、わがままにしなやかに、常にその時を楽しんでいます。

川端：村本さんは柔軟性があるから、どこでもやっていけそうだな、って思われていたんでしょうね。**言ったことを素直にやってくれるとか、自分なりの言葉で返してくれるとか、そういう人間性の面でも、評価された**んじゃないかな。僕も人を見る時は、そういう人間性の面でしか見ないですからね。

村本：薬剤師としての軸を持ちながら、多角的に仕事をしてきたからこそ今の私があると思います。店舗の経験のある管理薬剤師で、私ほどいろんな部署に配属となって、0から1にするものをたくさんやらせてもらった人間はいないと思います。なき道を作る、というのは本当に大変です。

店舗勤務の薬剤師だった時から、メーカーさんが推す商品の良さを伝えたいと店頭での陳列方法を考えて、結果を出せた。そのことが評価されて、バイヤーとなって全店舗での商品展開を任せてもらえた。そして今は、ウエルシアリテールソリューションの社長としてさまざまな企業のデータを扱いながら、お客様のニーズを捉えるという立場に立っている。**店舗での小売り経験があるからこそ、データの裏にあるお客様の思いを読み取ることができる**と思うんです。

矢都木：麺屋武蔵は都内に14店舗あるんですが、「麺屋武蔵〇〇」とそれぞれ違う名前で展開していて、１店舗ずつ味が違うんです。だから、店ごとにオペレーションも違ってくる。だから、**有能な人はいろんなお店に行かせて鍛え**

たい、という思いがありますね。いろんな味を知ってもらいたいし、オペレーションや人間関係も学んでもらいたい。ある店で成績を上げられても、違う店ではうまくいかないという場合もあるので。

でも、能力のある人は、どこ行っても全然気にしないし、どこでも頑張れる。**将来社長になれそうな人は、どこに行っても自分なりに学んで成長できる力がある**と思います。逆に、この店ではパッとしなかったけど、店を変えたら急にイキイキと働き始めた、ということもあります。

三社長三様の性格

――ご自身の性格をどのように捉えていますか?。

村本:私の座右の銘は、「上善水の如し」。運と縁に導かれながら、水が容器の形に合わせて形を変えるように、順応性を持って困難な状況にも、対応できる。その時その時の一瞬を楽しみたいと思っています。人生の恩人である亡き鈴木孝之名誉会長にも、いろんなことを経験させてもらいました。しなやかにわがままに、ある意味自己中心的に生きつつも、日々感謝の気持ちを持つことで、人と人とのパイプ役となっていればいいな、と思っていますね。

矢都木：私も村本さんと同じように、自己中心的だと思います。悪く捉えられがちかもしれませんが、**自己中心的とはつまり主体性があるということ。自分の軸があって、責任を持ってやる、っていうこと**ですから。

最近はそういった意味で自己中心的でない、つまり主体性がない人が多いな、と困ることもあります。すぐ環境や人のせいにして、外部に原因を求めてしまう。自分に原因があると考えないので、成長がないんです。

主体性を持つと、自己を肯定することができる。自責の念を持つことで、自分が変えられる、つまり成長することができる。いくら嫌なやつがいたとしても、相手が変わってくれるわけじゃないので、自分が変わるしかない。本質的にみんな、自分にしか興味がないんです。**自分が楽しくなるには、自分が変わるしかない。楽しくない原因を外に求めてしまうと、一生幸せになれない**と思いますね。

川端：私もお二人と同じような考え方ですね。自分で考えて、やりたいように実行する。とにかくやったらいいいんですよ。**失敗してもいいから実行する。だから、結果的に経営者になった**のかな、と思います。僕はよく「自主性を重んじる」って言ってますが、自主性のある人ばかりじゃないんです、会社は。だから、そういう人がどうすれば動くかも考えなければいけない。

会議すればするほど、リスクの話が出てきたりするでしょ。当たり前ですけど、**100%リスクがないなんて話はない**んです。絶対リスクというのはあるので。だから、自分たちが納得したらやる。**上に立つ人間が「最後は僕が責任取るから、やってみよう」そんな感じでやらないと、やれない**んです。そう言えて、もし**失敗した時にも何らかの形で事後処理できる人が、トップに立つ**んだと思いますね。

村本：川端さんは社長の人格というか、オーラというのがあると思います。周りの人たち、特に女性社員はみんな川端さんのファンですね。人懐っこくて、ユーモアがある。そういった意味で、本当に魅力的な男性だと思います。

苦労してまで「優秀なスタッフ」を集める必要はない

――組織というものも、会社において重要な要素だと思います。優秀な人材を集めるためにしている工夫はありますか？

川端：僕は基本的に、**与えられた人材でやる、というスタンス**です。なので、そういった発想はあまりないんですよ。

矢都木：社長になってからは、優秀な人材を集めるにはどうしたらいいかと、苦心しています。

ただ、同じ会社内で、ある店舗だけに優秀な人を集めるようなことはしないようにしていますね。それをすると、会社としてのブランディングを損ねることにつながるので。

川端：大阪支店だけ強くなって、東京が弱くなっては仕方がないですからね。

――お二人とも、「メンバーが悪いから」という考えはないのですね。今のメンバーの配置の仕方でしょうか。

矢都木：うちには、紹介制度というのもあります。紹介された社員が一年続くと、紹介した方が40万円、紹介された方が10万円もらえるという制度で、いい人材を確保できていると思います。その、与えられたリソースで、どれだけマックスの成果を出すかというのが一番大事ですね。僕は、**ダメなやつだってどんどん**

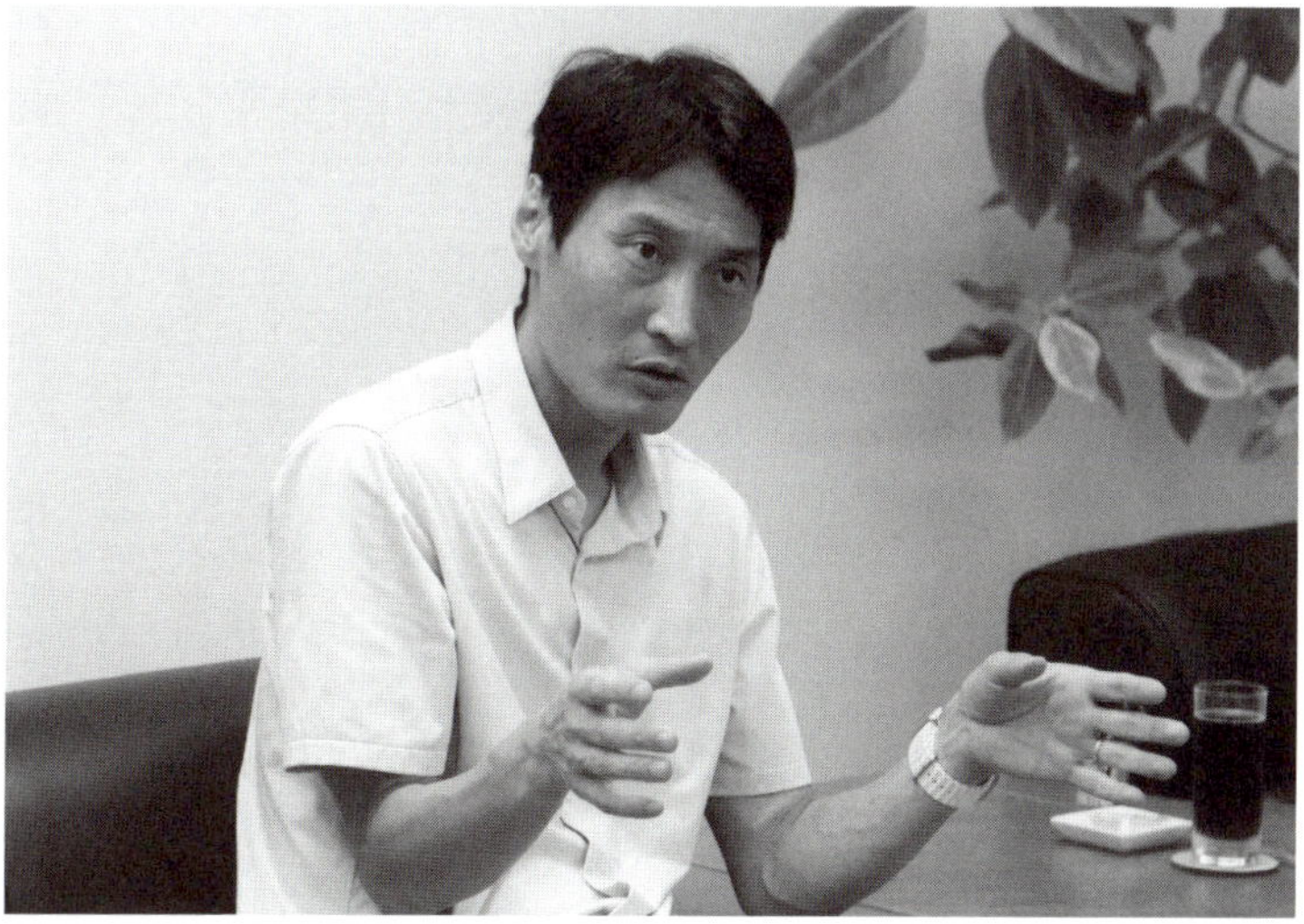

ウチに来いよ、と思っています。問題児だって育てたいという気持ちがありますね。

川端：そんな人間が自分のところでイキイキと働くようになったら、やっぱり嬉しいです。とはいえ、なかなか難しいんですけどね。**どれだけデジタルの時代になっても、人間は感情で動く**から。金太郎飴みたいに、誰がやっても同じように働く人材もいいですけれど、やはり人によってやり方も結果も違ってくるのがいいんです。そうでなければ、みんな存在価値がないように感じてしまいますよね。

コミュニケーション能力の磨き方

――三社長は雑談力もすばらしいですが、そこから人の心を掴むというところはありますか。

川端：僕は営業でしたからね。雑談力とかいいますけど、テクニックでもなんでもないですよ。ただ一言だけ言えるのは、**商談しに行くとしても、気持ちを盛り上げるのが大事**。挨拶もそこそこに「今日はですね、この商品を！」なんて絶対いけません。1時間時間をいただいているとするならば、半分以上は関係のない話です。でも、**自分の話ばかりするのではなく、相手の興味のありそうな話に持っていく**。とはいえ商談も忘れてはいけないので、最後のほうに商品の話もする。それが雑談力かと言われると、ちょっとわからないけど

（笑）。

村本：川端さんの場合、雑談力というよりも、人間力だと思います。**「あなたに興味がありますよ、仲良くなりたいんです」ということを雑談の中で表現することが大事**なんですよね。

川端：**会食でもゴルフでも、とにかく人として仲良くなるというのが重要**ですね。ご飯を食べたり、お酒を飲んだりする場を楽しみながら、いろんな話ができるのがいいんです。とはいえ、**あまりに仕事の話ばかりするのも良くない**と思いますけどね。

矢都木：僕は結構人見知りで、交流会とか行っても孤立するタイプなんです。端っこのほうで、誰に話しかけようか、って思いながら、小さくなっているかもしれません。でも、お知り合いになったりすると、すぐコラボの話が始まったりすることも多いですね。やっぱりラーメンって、みんな大好きなんですよね。

——この商品とコラボしたいから、この人と仲良くなろうと動くこともありますか？

矢都木：知り合いの方がよくやっている交流会があるんですが。その時のゲストで**コラボしたいなという会社の方がいたら、直撃します。決め打ちで行っちゃう感じです**ね。これまでにコラボしたラーメンは、30以上はあると思います。先方から提案されることも多いのですが、少しでも興味があれば、あまり断らずにやっていますね。ロッテのガーナチョコレートとコラボしたラーメンは、15年前のバレンタインで発売して以降、毎年趣向を変えながらも定番となっていて。10年ほど前には、カップラーメンにしたこともありますよ。

社長に必要なのは「スピード感」

川端：社内でも社外でもそうだと思うんですが、**新しいプロジェクトはちょっとした会話をヒントに、「面白そうだな、やってみよう！」とすぐスタートしてしまうのが大事**なんです。僕の仕事は、パッと話して決めること。でもこれをボトムアップでやっていると、永遠に決まらないことも多い。実現できるかどうかというのは、正直あまり考えていません。「やってみたらええやないか」と。いちいち考えていても、やってみなければわかりませんから。

——経営判断で「これをやろう」と決めたとしても、現場からの反発を受けることもありますよね。そんな時はどうしていますか？

矢都木：僕は現場にいた期間もそれなりにあるので、**「これはお客様のためにやるべきだ」ということは、必ず実現するようにしています。現場が「難しいです」と言うのなら、できない理由を聞いて、厨房の改造が必要であればやるし、新しい素材が必要であれば探してくる。**そういう**環境作りこそ、社長である僕の仕事**なので。

とはいえ基本的にお店は店主に一任しているので、店主の主体性を信じています。麺屋武蔵としての方針と反する場合は、こちら主導で行う時もありますけれど。

——会社としての方針を守っていれば、その中で自由にできる、という環境ですね。

異論を唱える

矢都木：**出世する人って、ある意味で反抗的に見えることも多い**と思うんです。会社の方針に従って、リスクを取らずにやっていると、部長ぐらいまでしかいかないことも多い。**自分の責任の上でリスクを取って、上司にも意見を伝えながら仕事をできる人が、最終的にトップに立つ**と思うんです。

村本：私は自分のことを、「水面に石を投げて波紋を作る役目」だと思っています。**「みんなが言えないことを言うのが私の役目」**ということですね。

川端：僕は支店長の時からそうですよ。生意気でしたから。そういうやり方の人って、実は他にいなかったのかもしれません。だから、社長になったのかもしれない。自分としては、意見を言うことが支店長の仕事だと思ってたからね。本社のやることに逆らうという意味じゃないですよ。**会社の方針に従った上で、どういう風に発展させていくか**、ということですね。**上司にリスクもメリットも伝えた上で、腹落ちさせられるかどうか。**本当に必要なことであれば、しっかりと理由を伝えることで、必ず納得してもらえると思うんです。それをしないで勝手に進めるから、こじれてしまうわけで。**コミュニケーションの繰り返しが大事**だと思いますね。

矢都木：言ったことを素直にやるだけの人よりも、こちらに噛みついてくるぐらいのほうが嬉しい、ということもありますよね(笑)。

川端：例えば、マンション用の虫ケア用品（殺虫剤）があるとします。でも、マンションがほとんどないエリアでこれを売れと言われたらどうするか。ダメな営業は、言われた通りに売ろうとして、「売れませんでした」となると思うんです。それよりも、「このエリアではこれは売れないので、こっちの商品を売り出します、目標の売り上げ1000万は必ず達成しますから」って上司に掛け合えるかどうか。そういう話ができるかどうかなんです。

でも、強権的な社長さんの前では、その意見も言いづらいかもしれない。**社長としては、モノを言える雰囲気を作るということも大事。**だから僕は、どんな相手でもフランクに接するようにしています。

今いる場所で、自己実現する

――三社長は、転職を考えたことはありますか？

矢都木：僕は独立しようと思って麺屋武蔵に入社したんです。でも、結果的に社長になる、という形になってしまいました(笑)。

村本：今でも、「薬剤師という仕事を軸に転職したい」という気持ちはありますね。お客様と直接触れ合うことのできる、ドラッグストアの現場も好きだから。今でも素晴らしいドラッグストアを見た時には、「ここで働きたいな」なんて思ったりもします。先のことはわかりませんが、全く違う分野への転職という形で、私にできることもまだあるのではないかとも思ったりします。私はまだまだ自分のことがわかっていないのかもしれません(笑)。

その一方で、薬剤師ってすごく狭い世界なんです。**でも社長であれば、異業種の人との多く関わりを持つことができる。**社長にならないと見えない世界があるというのを、本当に感じています。私は私だから、ウエルシアリテールソリューションの社長として今ここにいるんだな、と。それは喜んで全うしなくちゃ、と思っています。

川端：村本さんって、いろんなことを考えていると思うんですが、**最終的にプラス思考に転じるんですよね。**転職したい、ってつまり「他の世界を見てみたい」ってことですよね。**会**

社の中で視野が狭くならずに、世界を見て考えることができるから、村本さんはこのポジションにいるんだと思う。物事ってやっぱり意味があるんです。例えば、大阪支店長から始まって、広島支店長に配属されると、降格と捉えてしまう人もいるかもしれない。でも、立場としては東京も大阪も広島も同じ支店長で一緒なんですね。小さな都市の支店長でも、「こいつならこの支店を立て直せる」と思われれば異動になるケースもある。**今いる場所で、全力を尽くすということが大事**なんだと思います。

村本：ドラッグストアのお客様は、日本全国の全ての方なんですよね。だからもっとドラッグ業界全体で協力して、みんなでやれることをすれば、日本はもっと健康的に良くなるかもし

れない、なんてことも思ったりします。

そしてもしかしたらそういった垣根を超える仕事は、男性よりも女性のほうが得意なのかもしれない、とも思います。人がやってないことをするのは、ワクワクしますね。私はやりたいことがいっぱいあるんです。日本は、まだ組織風土的にも男性が強いなと思うこともあります。

経営の根幹で大きな物事を決定できる人は、5人ほどです。ウエルシア薬局在籍中には、私には、そのお声はかからなかった。それは女性だからというよりも、自分が適任ではないという判断だったから仕方がないのです。でも、**今いるポジションで、会社も繁栄して、お客様に喜んでもらって、自分も楽しくて、ということを探しています**。さらに、女性がもっと活躍できる社会にしていきたい。それが、一番自分が生きている実感を感じられることかな、と思っています。

新しい取り組み

――三社長の会社は、実店舗もEC（ネット販売）もされていますが、売れ行きや商品構成など、どのような違いがありますか？

川端：ＥＣでは商品を手に取ることはできませんし、試食などの施策もできません。初めての商品でＥＣという選択肢を選ぶには、まだまだ少ないと思うんです。知っている商品をリピートする場合なら、ＥＣで買うという場合も多いと思うんですが。

村本：世代でも購買の仕方は違うかな、と思います。若い世代、Ｚ世代などは、買い物の仕方が違うから。Ｚ世代やＭＺ世代をテーマに分析した時は、商品の傾向が明らかに違うことがあるんです。**決済方法もキャッシュレスに移行しているし、リモートワークなども普及し、ライフスタイルが変化してきている**ので。もちろん、リアルでの接触が重要ということは変わらないとは思いますけど。

矢都木：インスタグラムで、**インフルエンサーが使っている写真をタップすると、ＥＣサイトに移行できて、すぐ買うことのできる時代**ですからね。これはなかなか怖いですよ。

——現時点では、実店舗とＥＣ、どちらの良さもありますね。

川端：選択肢が増えているんですよね。ＥＣをやらなかったら、全体の売り上げは確実に減少していきます。さまざまな買い方がある中、実店舗もＥＣも無視することはできないし、売る側にとっては難しい時代になってきています。

村本：ターゲットを決めてＩＴデジタル販促をやっているところでは、成果は明らかに出てきています。ビッグデータを見ると、そこに注力しているメーカーとそうじゃないところの差はかなり出てきますね。

——若い社員から、こういうのが若い人にウケますよ、という提案があった時には、どう対応しますか？

川端：それはやってみたらいいんじゃないですか。断ることはないと思います。逆に**自分がわからない分野であれば、任せるしかない**んです。

村本：ウエルシア薬局でも若いチームでの取り組みを強化していますね。例えば首都圏文社のリーダーはいるけれども、**若い世代をターゲットにしたプロジェクトでは、Z世代のスタッフだけで決める**ようにしているようです。

川端：若者をターゲットにした商品を作る時、例えば10代の女性をターゲットにする時には、40代のマーケティング部長がトップに立っていたら、出る意見も出ないし、方向性がずれてきてしまう。明確なターゲットがある時には、そのターゲットの人が中心になって考えるのが一番です。それは当たり前の話。

矢都木：僕のところだと、基本的に商品構成も価格も店主が考えてます。店主にもよりますが、若いスタッフに任せる場合もあるみたいですね。やりたい人が自主的にやるのであれば、それが一番だと思いますから。ただ、何かを真似したり、あまりに偏った商品はダメだよ、とは言っています。でも、期間限定で極端な商品をやることは、話題性もあるしいい時もありますね。バレンタイン限定のチョコラーメンなどは、チャレンジとしていい例だと思います。

村本：ウエルシア薬局だと、現状のボリューム層は40代、50代なんです。**これまでの主要顧客の層をターゲットにしていても、新しいものは生まれない**と思うんですよね。若年層、つまり20～30代を今後はいかに増やしていくかに取り組んでいかないと。そういった実験のできる店舗として、ウエルシア薬局では若年層に向けたプチプラコスメや男性用化粧品、アパレルを充実させて商品ミックスを進めた「HAC BIOKA店」を横浜市の郊外、青葉区にオープンしました。

矢都木：麺屋武蔵は、若干単価が高いので、社会人にならないとリピートできないと思うんですよね。だから、20代向けの商品を作るというよりも20代の認知が進めばいいと思っています。そしてZ世代の子たちが30代に差し掛かった時、麺屋武蔵のリピーターになってもらえればいいな、という戦略。**老舗としてのブランド価値をじっくり高めていければ**と思っています。

時代の変化への対応

――ECや電子決済など、小売りや飲食業界も変化してきている時代だと思うんですが、そのあたりで一番意識して対応していかなければと考えているものはありますか。

川端：僕の座右の銘は「こだわりがないことがこだわり」というものなんです。**「これだ！」って決めつけてしまうと、変化に乗り遅れたりする**と思うんです。どういう方向に進むかわからない時代ですから、**柔軟に受け入れて、変化し続けるのが大事**だと思っています。

アース製薬は虫ケア用品の会社だから、そこから外れてはいけない、みたいな考え方もあるとは思います。ただ、あくまでも、世の中のニーズがあるからやってるわけです。虫がいなくなって、生活環境が良くなっていたら、用品の必要はなくなりますよね。そうなったら極端な話、ラーメン屋をやっているかもしれない。というぐらい、変化に対応したらいい。

人口減の話も、突然減るわけではなく、100年ぐらいかけて、じわじわと減っていくのが事実ですから。**世代数や減っているエリア、減らないエリアを分析して、それによって戦略を考える**のがいい。

矢都木：僕も同じ考え方ですね。生き残ってこその会社なので、柔軟にやるしかない。**お客様に喜んでいただかないことには、財布の紐は緩まない**ので。また来てもらうためのアプリを作ったりと、DX化もどんどん進めていきたいです。ラーメン屋の中では、キャッシュレス対応はかなり早いほうだと思います。写真を見ながら選べるタッチパネルでの注文や、外国語対応なども、早くから取り組んできました。

新しい時代の働き方

――リモートワークの普及はもちろんですが、今後はさらにいろいろな働き方が必要となってくると思います。それぞれの会社として、どのように対応されるのでしょうか。

川端：アース製薬の人事制度は、随時変えていくようにしています。つまり、ゴールがないということです。子育てのこともあれば、介護のこともあるし。一度変えたけれども、また元に戻す、ということもあるかもしれません。

社員の事情をヒアリングして、納得できればどんどん制度として取り入れていくようにしています。特殊な事情にも柔軟に対応していきますし、今後同じようなことが起こりうるかもと思ったら、制度にするという感じです。

矢都木：麺屋武蔵は、勤務時間と休日を柔軟に選べるようにしています。働く時間が、1日8時間、10時間、11・25時間の3タイプあります。さらに休みが、月8日、9日、10回の3タイプ。その組み合わせで、全部で9タイプという形です。たくさん働きたい人は月収35万円くらい、休みを多く取りたい人は、月収22万円くらい。それをどうするかは選べる、という感じです。休暇制度も充実していまして、男子スタッフが何カ月も育休を取ったりもしています。また、月の半分を休みたいっていう人もいて、イレギュラーですが対応していますね。

川端：ウチは極端な話、24時間365日仕事しててもいいよ、という考え方です。たくさん働いてたくさん稼ぎたい、っていう人もいれば、親の介護がしたいから休みが多いほうがいい、って人もいるから。**働くモチベーションがどこにあるのかというのを見ながら、柔軟に対応**していければと思います。

村本：ウエルシアもすごく人に優しい会社ですから、イレギュラーも多くありました。もちろん全てがOKではないので、直属方がその都度ジャッジしているという形になります。さらに経営層より介護離職ゼロ宣言を出していたり、女性のダイバーシティを推進する部署も早い時期から立ち上がっていましたし、できるだけ働きやすい環境を作ることができるように、人事部の方々も尽力しています。男性の育休や女性活躍を推進することで、**男女の不公平感をできるだけなくして、さらにそれを世間に発信していく**ようにしていますね。

矢都木：みんなが居心地のいい会社であるのが最高ですよね。でも、あまりにリーダーに従うという素直な人が多すぎたり、似たタイプの人ばかりの組織というのは危ういと思います。

「うちの会社は最高です」っていう人ばかりが1000人いたら、もはや宗教のようなもの。それに加えて、**反対意見がでない集団では、変化に対応できない**。理念ばっかりで、沈んでっちゃうと思うんです。やっぱり、バランスは大事ですよね。

川端：いろんな人がいてこその、ダイバーシティですからね。

社長としてのやりがいとは

——社長として働く中で、一番やりがいを感じる瞬間はどういったことでしょうか。

矢都木：やりがいしかないんです(笑)。**お客様にも喜んでもらうことはもちろん、スタッフに活躍できる環境を用意するというのが社長の仕事**。最初はイマイチ仕事に対するやる気の感じられなかったスタッフが、ふとしたきっかけでスイッチが入って頑張るようになった姿を見ると、本当に嬉しいですね。でも、スイッチは自分で入れるものだから、僕らはその手助けをするだけなんです。周りの環境を整えたり、ウマが合う上司のもとに配属したり。新しい店舗のスタッフとの相性で伸びていく、というのもあったりする。そういうのを見ると本当に嬉しいんです。麺屋武蔵を、一人一人が成長できる場にしたいな、活躍できる場をたくさん提供したいな、と思っています。

村本：私はお客様はもちろん、働く仲間、会長や社長から、必要とされてるとわかると本当に嬉しいです。今日のこの鼎談の場もそうです。この場があることで、他の仕事もものすごく気合が入りますし、ありがたいです。**社会貢献をしながらみんなが健やかに生きることのできる社会を作っていければと思っています。**

川端：**会社も社会も、最後の最後は人**なんですね。最終的には、**社員が「働いて良かったな」って思えて、お客様が「この商品があって良かったな」って思える商品を作ることのできる会社を目指したい。**それに尽きるかな、と思いますね。

あとがき

目の前のことにひたすら向き合った結果が、「社長」というポジションだった。

この本を読んで、この3人のことを
「上司に気に入られたのか」「運が良かったんだな」と
思われた方も、もしかするといらっしゃるかもしれません。

当たり前のことですが、会社に入社した時は、みんな新人でした。
与えられた場所で、目の前のことに誠実に向き合い、
お客様の喜ぶことを実行する。人を楽しませて、
敵を作ることなく、みんなが生き生きと働ける場を作る。
仕事に責任を持ち、知恵を振り絞りながら、
周囲と協力して一つづつやり遂げる。

そうやって誠実に仕事を続けることで、上司や仕事先から
必要とされる人となり、一つづつチャンスを掴み、

大きな仕事を与えられるようになっていったのだと思います。

3人に共通しているのは、「ある意味で自己中心的」かつ「責任感が強い」ということ。自分が「やりたい」と思うことがあれば、主体的に動き、時に周りを巻き込みつつ実現する。たとえリスクを取ってでも、新しいことに挑戦する。そして、もし失敗した時には、自らが責任を取る、ということ。

さらにお話をしていて感じたのは、「人が好き」で「裏表のない」、本当の意味で「いい人」ということです。
部下とも対等な関係性を保ち、人として尊重し、信じて任せる。下手な計算はせず、心を開いて正直な気持ちを話す。

そうしながら一つ一つ成果や人間関係を積み上げた結果、今の「社長」というポジションに就くことができたのです。

この3人の言葉から何かを感じ取ることができ、会社の中で、皆さんが輝けることを願っています。

サラリーマン社長《しゃちょう》の出世術《しゅっせじゅつ》

2025年 3月31日 第1刷

著　者　川端 克宜×村本 泰恵×矢都木 二郎

編　集　黒岩 久美子
編集協力　木村 浩章
撮　影　西岡 心平
装　丁　西尾 浩　村田 江美
デザイン　blanc design office

発行者　奥山 卓

発　行　株式会社東京ニュース通信社
〒104-6224 東京都中央区晴海1-8-12
電話 03-6367-8023

発　売　株式会社講談社
〒112-8001 東京都文京区音羽2-12-21
電話 03-5395-3606

印刷・製本　大日本印刷株式会社

落丁本、乱丁本、内容に関するお問い合わせは発行元の株式会社東京ニュース通信社までお願いします。小社の出版物の写真、記事、文章、図版などを無断で複写、転載することを禁じます。また、出版物の一部あるいは全部を、写真撮影やスキャンなどを行い、許可・許諾なくブログ、SNSなどに公開または配信する行為は、著作権、肖像権等の侵害となりますので、ご注意ください。

©Katsunori Kawabata ,Yasue Muramoto, Jiro Yatogi
2025 Printed in Japan
ISBN 978-4-06-539479-3